浙江交工集团股份有限公司　组织编写

Qiaoliang Zhuangpeishi Shigong Jishu
桥梁装配式施工技术

宁英杰　编著

内 容 提 要

本书主要依托沪宜公路(S6公路—叶城路)道路改建工程2标段以及S7公路新建工程1、2标段两个项目，从承台预埋连接构件、立柱预制和拼装、盖梁预制和拼装、大宽度箱梁预制和拼装施工等方面，对桥梁装配式施工技术进行了系统总结。书中对各道工序的细节进行详细阐述，并且突出了各道工序施工关键点。

本书图文并茂，具有较强的可操作性和实用性，可供公路施工单位技术部门和工程管理部门、项目部的管理层、一线的技术人员、测量人员和施工工人阅读使用，也可以作为高等院校桥梁施工技术相关专业师生的教学参考资料。

图书在版编目(CIP)数据

桥梁装配式施工技术/宁英杰编著.—北京：人民交通出版社股份有限公司，2018.6
ISBN 978-7-114-14730-2

Ⅰ．①桥…　Ⅱ．①宁…　Ⅲ．①桥梁施工　Ⅳ．①U445

中国版本图书馆 CIP 数据核字(2018)第 103329 号

书　　　名：	桥梁装配式施工技术
著 作 者：	宁英杰
责任编辑：	黎小东
责任校对：	刘　芹
责任印制：	刘高彤
出版发行：	人民交通出版社股份有限公司
地　　址：	(100011)北京市朝阳区安定门外外馆斜街3号
网　　址：	http://www.ccpress.com.cn
销售电话：	(010)59757973
总 经 销：	人民交通出版社股份有限公司发行部
经　　销：	各地新华书店
印　　刷：	北京市密东印刷有限公司
开　　本：	720×980　1/16
印　　张：	12.5
字　　数：	179 千
版　　次：	2018 年 6 月　第 1 版
印　　次：	2021 年 1 月　第 2 次印刷
书　　号：	ISBN 978-7-114-14730-2
定　　价：	100.00 元

(有印刷、装订质量问题的图书，由本公司负责调换)

前言

桥梁装配式施工技术作为一种新的施工工艺,在国内刚开始发展,有些工序在国内外还是首次使用。本书主要依托沪宜公路(S6公路—叶城路)道路改建工程2标段以及S7公路新建工程1、2标段两个项目,结合作者近几年来不同项目的亲身经历,对桥梁装配式施工技术进行了系统总结。

全书共分七章。第一章为概述,主要介绍了国内外桥梁装配式施工的现状和发展趋势,以及桥梁装配式施工的优势和适用地区。第二章、第三章为承台施工,讲述了两种不同预制拼装立柱配套承台施工。第一种为立柱高度相对较高,截面积较小的立柱配套承台施工和预埋连接钢筋的定位安装;第二种为立柱高度较矮,截面积较大的立柱配套承台施工和预埋连接套筒的定位安装。第四章、第五章为立柱预制拼装,讲述了两种主要形式的立柱预制拼装施工方法。第一种为高度相对较高的立柱,内容包括连接套筒的固定、立柱混凝土浇筑和养护、立柱运输、立柱拼装和测量精度控制;第二种为高度相对较低的立柱,内容包括立柱连接主体钢筋定位、立柱混凝土浇筑和养护、立柱运输、立柱拼装和测量精度控制。第六章为盖梁预制拼装,讲述了盖梁预制连接套筒定位、盖梁深埋锚安装、混凝土预制和养护、盖梁运输、盖梁拼装和测量精度控制等。第七章为大宽度箱梁预制拼装,讲述了大宽度箱梁分幅预制时钢筋施工、混凝土浇筑和养护、箱梁拼装、箱梁湿接缝浇筑施工等。

全书采用图文并茂的方式,力求具有较强的可操作性和实用性,让读者对桥梁装配式施工技术有一个比较全面的认识,以供在今后的桥梁装配式施工中参考和借鉴。本书可供公路施工单位技术部门和工程管理部门,项目部的管理层,一线的技术人员、测量人员和施工工人阅读使用,也可以作为高等院校桥梁施工技术相关专业师生的教学参考资料。

在本书编写过程中,得到浙江交工集团股份有限公司领导和同事的大力支持和帮助,在此表示感谢。同时感谢同济大学李国平教授、上海公路投资建设发展有限公司查义强指挥长及其团队、上海市城建设计院、上海市市政设计总院等的大力支持。

限于作者水平,书中难免存在不少疏漏之处,敬请读者批评指正。

作 者
2018 年 4 月

目 录

第一章 概述 ··· 1
　一、技术介绍 ··· 1
　二、国内外发展状况 ··· 2
　三、装配式施工优势 ··· 6
　四、本书依托工程 ··· 6
第二章 第一种形式承台施工 ··· 8
　一、施工工艺流程 ··· 8
　二、关键工序控制 ··· 8
第三章 第二种形式承台施工 ··· 24
　一、套筒连接器加工 ··· 24
　二、承台预埋波形钢管套筒施工 ··· 29
第四章 第一种形式立柱预制拼装 ··· 34
　一、施工原理 ··· 34
　二、施工工艺流程 ··· 36
　三、操作要点 ··· 36
第五章 第二种形式立柱预制拼装 ··· 75
　一、施工原理 ··· 75
　二、施工工艺流程 ··· 75
　三、操作要点 ··· 76

第六章　盖梁预制拼装 ·· 115

　　一、施工原理 ·· 115

　　二、施工工艺流程 ·· 116

　　三、操作要点 ·· 117

第七章　大宽度箱梁预制拼装 ·· 160

　　一、施工原理 ·· 160

　　二、施工工艺流程 ·· 160

　　三、操作要点 ·· 162

参考文献 ··· 191

第一章 概 述

一、技术介绍

桥梁工程作为公路和市政建设的关键,承担着极其重要的角色,有效地完善了公路和市政交通网,提高了交通运输能力,促进了社会和经济的发展。然而,大规模桥梁建设往往会带来许多问题,其中,一些以现场混凝土浇筑施工为主的建桥方法集中出现了如下问题:桥址地面和水域被作为施工场地长期占用,施工区交通和其他秩序严重受扰;施工设备、辅助设施重复配置,资源、能源消耗大,财力、物力浪费较大;施工噪声无法有效控制,施工污水外溢经常发生,周边居民和交通参与者抱怨多;现场意外坠落物难以避免,施工和交通事故发生风险大;施工工期较长,尤其是市政桥梁建设,严重影响城市居民的交通出行;受到气温的限制,在低温度下,现场混凝土往往不能正常施工。在气象条件恶劣的海洋环境中建设跨海大桥时,存在现场混凝土浇筑难度大、施工质量和安全性不易保证、淡水输送成本高、容易污染海洋自然环境等问题。另外,现场施工环境的影响、空间和时间的限制、质量控制较难等问题,也是导致混凝土桥梁耐久性病害多发的原因之一。采用装配式施工技术,能够尽量减少现场混凝土浇筑的工程量,减少施工占地,合理减少施工工期,使公路和市政桥梁建设更环保、少干扰、更安全、高质量、快速及低消耗等。

混凝土桥梁的装配式施工技术,即桥梁结构构件预制拼装技术,它是一种将混凝土桥梁上部和下部结构主要构件在工厂或预制场预制、现场拼装的施工方法,主要有承台、立柱、盖梁、大宽度箱梁、防撞墙等预制拼装。

目前,简支梁桥、先简支后连续梁桥的上部结构已主要采用预制拼装施工方法,桥梁下部结构(承台、立柱、盖梁)、中小跨径连续箱梁桥的上部结构、防撞墙等全部采用现场浇筑施工方法为主。

二、国内外发展状况

位于美国北卡罗来纳州国家公园风景区内的 Lin Cove 桥在 1983 年施工时，出于对环境的特殊考虑，选择了预制装配的施工方式。美国得克萨斯州是使用预制桥墩较为活跃的地区，早在 1994 年便首次将预制盖梁技术用于 Redfish Bay 桥。全桥共预制了 88 个盖梁，如图 1-1 所示。将原定工期缩短了 9 个月，大大减少了对交通的阻滞。

 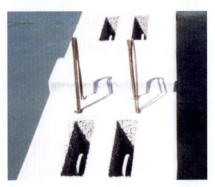

图 1-1 Redfish Bay 桥盖梁

2000 年及 2002 年，在对 Ray Hubbard 湖及 Belton 湖上两座不能满足交通量需求的双车道桥进行替换时，得克萨斯州交通部均采用了预制盖梁。两座新桥分别包括 43 片、62 片预制盖梁。标准化生产方式提高了经济效益，保证了生产质量，加快了施工进度。另外，由于现场作业显著减少从而大大提高了施工安全度。Ray Hubbard 湖桥盖梁拼装及盖梁结构如图 1-2～图 1-4 所示。

图 1-2 Ray Hubbard 湖桥盖梁

图1-3 Ray Hubbard 湖桥盖梁拼装

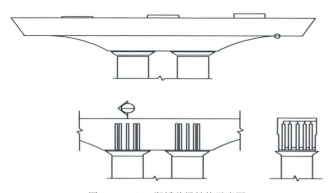

图1-4 Belton 湖桥盖梁结构示意图

波多黎各圣胡安繁忙市区的日平均交通量达到100000辆,为了缓解交通压力修建了4座长度213.36~274.32m的城市立交桥,桥梁采用全预制拼装施工方法,每座桥梁的架设时间约24h,很好地满足了业主给出的72h时限,大大减少了对城市主干道交通的干扰,如图1-5、图1-6所示。

图1-5 桥梁拼装示意图

图1-6　波多黎各圣胡安立交桥

我国于20世纪90年代在北京积水潭桥工程的五座桥梁中,率先采用承插式连接模式对桥墩立柱进行了装配式施工的试验性应用。之后开始逐步将下部结构的预制拼装技术进行推广,在跨江跨海大桥的桥墩立柱施工中预拼技术已得到成功应用,然而预制盖梁的工程实例并不多见。万县长江公路大桥为了缩短工期、减少空中作业期、降低施工危险性,全桥13片拱上盖梁均采用预制。预制部分为开口箱船形结构,内设数根混凝土短横梁作肋板横向稳定连系。吊装完成后,现浇填芯混凝土。将原本3个月的工作量压缩在15d完成。国道213线祁家黄河大桥盖梁全部采用预制吊装法施工,如图1-7所示。该桥共有盖梁15节,分3种结构形式,在两岸分别进行预制,达到设计强度的80%后进行堆放,全部预制完成后一次性吊装。立柱与盖梁连接采用两根120b槽钢伸入盖梁。在安装立柱时,提前在柱顶空钢管内焊接120b槽钢,槽钢伸入立柱钢管1.0m,立柱钢管外留1.1m,以便于盖梁预留孔钢筋焊接,盖梁抬运就位后,采用水平仪观测高程。预留孔采用微膨胀混凝土填充密实。此外,我国台湾内湖线轨道交通工程高架桥也运用了预制盖梁,如图1-8所示。

2014年,在上海的S6公路工程建设中,对两联桥梁桥墩的立柱和盖梁分别采用整体预制现场拼装的施工技术。主线高架桥面总宽16m,盖梁截面采用矩形截面,预制盖梁与预制立柱的连接采用灌浆套筒连接方式,如图1-9、图1-10所示。

图1-7 祁家黄河大桥

图1-8 台湾内湖线高架桥的预制盖梁

图1-9 盖梁整体预制

同年,在上海的S26公路工程中,主线高架桥面总宽32m。由于盖梁体量较大,为方便施工,降低吊装难度,将盖梁整体分为2个预制吊装节段和1个后浇带,后浇带长1.5m,如图1-11、图1-12所示。

图1-10 盖梁整体拼装

图1-11 32m宽盖梁预制

图 1-12 32m 宽盖梁拼装

2015~2016 年,立柱、盖梁预制拼装技术在上海嘉闵高架桥、沪宜公路改建、S7 公路建设中逐步推广应用。

三、装配式施工优势

(1)城市高架桥建设中,在桩基施工的同时,进行承台、立柱和盖梁预制,能合理缩短施工工期;现场不浇筑立柱、盖梁或箱梁混凝土,不搭设支架,可减少对交通的干扰,减少施工现场噪声、机械尾气排放对周边居民的影响。

(2)受到温度影响,有些地区低温时不宜进行混凝土施工。在气温较高时,进行桩基施工的同时,承台、立柱、盖梁、防撞墙等可以在工厂内预制完成,然后运输到现场拼装,可以缩短施工工期。

(3)在现场浇筑混凝土条件极差地区,如沙漠、海洋滩涂等,承台、立柱、盖梁、防撞墙等在工厂内预制完成,然后运送到现场拼装,解决了现场施工的诸多难题。

(4)对环境要求高的河流、公园、海洋、景区等,承台、立柱、盖梁、防撞墙等在工厂内预制完成,然后运送到现场拼装,减少了现场施工对环境的污染。

四、本书依托工程

(1)S7 公路新建工程 1、2 标段。对应桩号 K1+785.608(不包含对应墩及伸缩缝)~K3+214(含对应墩及伸缩缝),全长约 1.428km。全线为高架桥梁,其中 105 个立柱和 87 片盖梁采用预制拼装技术。(涉及章节:第二章、

第四章、第六章)

（2）沪宜公路(S6公路—叶城路)道路改建工程2标段。工程范围为桩号 K3+810~K6+271.843，全长2.462km。桥梁有1号远香湖桥、2号远香湖桥、棕坊桥共3座。其中有48个大型的造型墩柱采用预制拼装技术，28片12.2m宽的大宽度箱梁采用预制拼装技术。(涉及章节：第三章、第五章、第七章)

第二章　第一种形式承台施工

根据立柱和承台连接方式的不同,连接器连接方式和预埋位置的不同,承台施工方式也不同。通常分为如下两种承台。

第一种形式的承台,立柱相对较高。承台和立柱采用的连接方式为:立柱底端预埋灌浆套筒连接器,承台预埋连接钢筋插入立柱套筒内,然后进行套筒压(注)浆。

第二种形式的承台,立柱相对较矮。承台和立柱采用的连接方式为:立柱底端预埋连接钢筋,承台内预埋波形钢管套筒连接器。承台套筒直接灌浆,立柱钢筋插入承台套筒内。

本章主要讲述第一种形式承台施工技术;第二种形式承台施工技术则在下一章进行介绍。

一、施工工艺流程

第一种形式承台的施工工艺流程如图2-1所示。

二、关键工序控制

1. 承台围檩支撑制作和安装

根据设计图纸中承台的尺寸,设计围檩支撑的尺寸,其中三面宽出承台1m,一面宽出承台1.5m,为安装钢楼梯提供空间。围檩采用H40型钢,相互之间采用打孔螺栓连接。在相邻围檩角上增设角支撑,角支撑与围檩钢之间同样采用打孔螺栓连接。

安装前,测量人员将承台以及承台围檩支撑位置进行放样,然后沿围檩支撑范围内开挖深40cm左右的土方,再安装围檩支撑框架,如图2-2、图2-3所示。

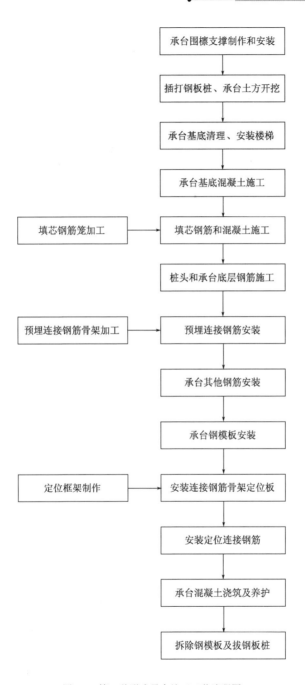

图 2-1　第一种形式承台施工工艺流程图

图 2-2 表土开挖

图 2-3 安装围檩支撑

2. 插打钢板桩、承台土方开挖

1) 钢板桩长度选择

根据设计图纸中承台基底离地面深度,选择钢板桩型号和长度。原则上,钢板桩长度为承台底到地面深度的 2 倍,长度超过 8m 或承台附近有流沙、河流渗水等情况时,钢板桩应采用有止水口的拉森钢板桩。普通情况下,钢板桩长度小于 8m 时,可采用槽钢;钢板桩、围檩及承台布置如图 2-4 所示。

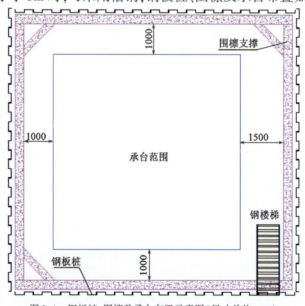

图 2-4 钢板桩、围檩及承台布置示意图(尺寸单位:mm)

2）钢板桩插打

采用专用的履带式插打设备,设备头钳住钢板桩上端,将钢板桩下端紧靠在围檩支撑边缘,开启设备振动,将钢板桩振动入土。相邻钢板桩采用"一正一反",相互之间咬住槽钢齿口。

钢板桩的主要作用是承受土体的侧压力,防止土方坍塌。同时也可防止泥浆渗透到承台内。所以插打钢板桩时,要求钢板桩有良好的垂直度,相互之间槽口有较高的咬合度以及较好的密封性,能挡住泥浆渗透,如图2-5所示。

图2-5 插打钢板桩

3）承台土方开挖

钢板桩插打完成后,焊接牛腿支撑,重新调整围檩支撑,将围檩支撑安装到牛腿上并安装角支撑,然后将围檩的连接螺栓拧紧并检查。在确认围檩支撑安全可靠后,开始开挖承台土方。挖出的土方用自卸车运送到弃土场。承台开挖的高程为承台垫层混凝土底高程,如图2-6、图2-7所示。

图2-6 承台土方开挖

图2-7 钢板桩围护

3. 承台基底清理、安装楼梯

承台土方开挖至桩基顶位置后,测量人员进行承台底高程测量,达到设计高程后,对承台基底进行整平、清淤以及排水等,并对管桩孔内的土进行清理。然后安装上下承台的施工钢楼梯。钢楼梯在钢结构或钢模板厂家加工制作,主体采用角钢,踏步采用面上有条纹的钢板。两侧设置1.2m高的钢扶手,如图2-8、图2-9所示。

图2-8 承台底清理　　　　图2-9 上下钢楼梯安装

4. 承台基底混凝土、填芯钢筋和混凝土施工

1) 承台基底混凝土施工

承台基底处理完成后,立承台垫层模板,然后浇筑承台垫层混凝土。浇筑基底混凝土时,应防止混凝土掉落至管桩内阻塞管桩。基底混凝土表面应平整,便于承台底钢筋施工。如图2-10所示。

2) 填芯钢筋笼施工

填芯钢筋笼在钢筋加工厂内集中加工成型,检验合格后出厂,用运输车运送到施工现场。钢筋笼底端设置一个圆形挡板,防止混凝土在浇筑时掉落。

填芯钢筋笼吊装前,应对管桩进行清理检查。采用测绳测量管内泥土离管顶深度是否大于填芯钢筋笼的长度,如果长度不够,则管内进行清土。待管内深度满足要求后,采用高压水枪清洗管壁上的泥土杂物。

填芯钢筋笼采用250kN起重机进行吊装,起重机钢丝绳扣住钢筋笼上端加强钢筋箍,将其插入管桩内。钢筋笼到位后,对其中心位置和高程进行测量调整,然后用钢横挡插入钢筋笼加强箍下方,钢横挡架在管桩顶面将钢筋笼吊住。如图2-11所示。

图2-10 承台垫层混凝土浇筑

图2-11 填芯钢筋笼施工

3)填芯混凝土浇筑

填芯钢筋笼安装完成,检验合格后,进行填芯混凝土浇筑,如图2-12所示。混凝土采用小料斗灌注或泵送浇筑,采用加长振捣棒振捣密实。浇筑完成后,对填芯混凝土桩头进行清理,如图2-13所示。

5. 桩头和承台底层钢筋施工

承台所有钢筋在钢筋加工厂内,采用数控弯曲机下料弯曲后,码放标识。然后装车运送到施工现场。

在PHC管桩的顶端端头板设置螺纹孔,按照设计要求,将一端车丝的钢筋全部拧进端头板螺孔内。桩头钢筋施工完成后,按照设计图纸,进行底层钢筋的铺设。底层钢筋间距应均匀,如果碰到桩头钢筋,应适当调整底层钢筋的位置。底层钢筋安装完成后,安装钢筋保护层垫块。垫块采用混凝土制作,强度不低于承台混凝土强度,每平方米安装数量不少于4块。如图2-14、图2-15所示。

图 2-12　填芯混凝土浇筑　　　　图 2-13　填芯混凝土桩头清理

图 2-14　管桩桩头钢筋施工　　　　图 2-15　底层钢筋施工

6. 预埋连接钢筋安装

承台预埋钢筋，按照设计图纸的数量、间距、尺寸，在钢筋加工厂内集中加工成整体后，经检验合格后运送到施工现场。如图 2-16 所示。

承台底层钢筋安装完成后，对承台预埋连接钢筋骨架位置进行放样，然后采用 250kN 起重机将连接钢筋骨架吊入承台内。最后对钢筋骨架进行平面位置和高程定位。采用全站仪观测骨架的平面位置,当偏差值小于2mm时满足要求。高程的定位采用小型千斤顶。在钢筋骨架内设置简易钢管横挡支架,用千斤顶顶住横挡,通过千斤顶的微调控制骨架的高程,高程偏差值控制在2mm以内。钢筋骨架平面位置和高程控制到位后,将连接钢筋骨架临时固定。如图2-17所示。

图2-16 连接钢筋整体加工

图2-17 安装连接钢筋

7. 承台其他钢筋安装

预埋连接钢筋骨架安装完成后,进行承台剩余钢筋,包括侧面竖向钢筋、架立钢筋、顶面钢筋等的安装。侧面钢筋安装位置必须精确,确保混凝土保护层厚度。顶面钢筋安装要求整齐,间距均匀,确保钢筋头混凝土保护层厚度。钢筋安装完成后,侧面安装钢筋保护层垫块,垫块强度不低于承台混凝土强度。每平方米安装数量不少于4块。如图2-18、图2-19所示。

8. 承台钢模板安装

承台模板安装前,应对已绑扎好的承台钢筋进行清洗,去除污泥以及杂土杂物。如图2-20所示。

钢模板采用定型大块模板,厚度为8mm,相邻钢模板上下口背后加强肋采用精轧螺纹钢连接,中间部分采用螺栓连接。钢模板上端设置钢吊点。两块钢模板拐角处同样采用精轧螺纹钢连接。

图2-18 承台钢筋加工

图2-19 承台钢筋加工成型

采用250kN起重机将钢模板吊起,逐块安放到位后,临时固定,并将相邻钢模板进行连接。在每块模板接缝处设置密封橡胶条。所有钢模板吊装到位后,应对其进行测量复核。当偏差值小于5mm后,锁紧所有钢模板,拧紧所有精轧螺纹钢和连接螺栓。在钢模板上口安装3cm宽的三角形钢条块,一面贴着钢模板,一面与钢模板面平齐,另一面倒角在混凝土边缘,浇筑后的混凝土边缘成一个小倒角。如图2-21~图2-23所示。

图2-20 钢模板安装前钢筋清洗

图2-21 吊装钢模板

图 2-22 钢模板角落连接

图 2-23 钢模板中间连接

安装钢模板支撑。承台内钢筋与钢模板连接采用"三段式"螺杆。"三段式"螺杆由第一段车丝螺杆、第二段锥形螺母、第三段带螺母和钢垫圈的车丝螺杆组成。第一段车丝螺杆，一端与承台钢筋焊接，另一端拧紧锥形螺母；第二段锥形螺母，一端与第一段螺杆螺纹连接，另一端与第三段螺杆螺纹连接；第三段车丝螺杆，一端穿过钢模板拧紧密贴钢模板的锥形螺母，另一端用钢垫圈密贴钢模板外表面，然后用螺母密贴钢垫圈拧紧。钢模板外侧根据具体情况设置外支撑，支撑到钢板桩上。如图 2-24～图 2-28 所示。

9. 安装连接钢筋骨架定位板及定位连接钢筋

1）定位框架制作

承台定位框架和立柱套筒定位板、立柱钢筋定位框架按照设计图纸，在同一个模板加工厂家同时制作，并且相互配套对应。在钢筋定位孔一侧设置"L"形钢挡板，另一侧焊接竖向钢板，钢板上对应定位孔打设螺杆孔，微调螺杆穿过钢板顶住预埋钢筋，通过微调螺杆的进出调整钢筋位置。如图 2-29、图 2-30 所示。

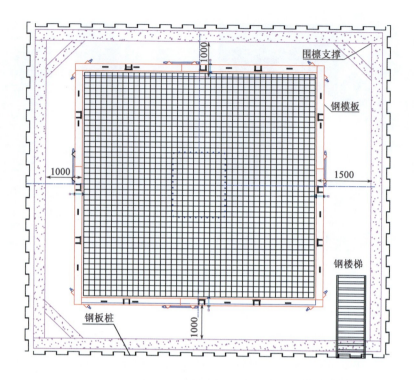

图 2-24　承台钢筋、模板、围檩支撑等平面示意图(尺寸单位:mm)

图 2-25　"三段式"连接螺杆

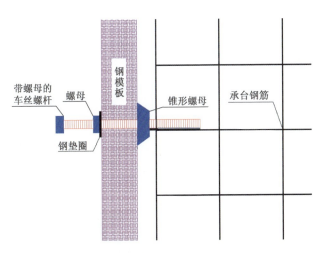

图 2-26 "三段式"螺杆与模板、钢筋安装示意图

图 2-27 "三段式"螺杆安装

图 2-28 钢模板安装成型

2）定位连接钢筋

定位连接钢筋分为平面位置定位和高程定位。

（1）平面位置定位

采用定位框架定位调节。先将定位框架吊到预埋连接钢筋上方，然后将所有预埋连接钢筋套进定位框架的预留孔内，用全站仪测量 4 个角的钢筋平面位置,一边测量,一边用螺杆微调钢筋位置,当偏差值小于2mm后,锁定4个角的螺杆。最后分别调整其他螺杆,进行锁定。如图2-31~图2-34所示。

图2-29 定位框架示意图

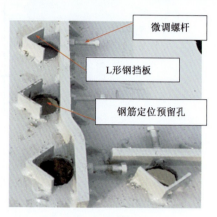

图2-30 钢筋定位孔

图2-31 定位框架高程调整

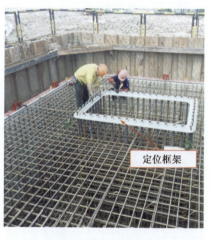

图2-32 定位框架位置调整

(2)高程定位

采用水准仪测量预埋连接钢筋骨架四角的钢筋高程,用千斤顶微调钢筋骨架,直到钢筋高程偏差值小于5mm,然后固定钢筋骨架,最后拆除千斤顶。如图2-35、图2-36所示。

预埋连接钢筋骨架全部定位完成后,用4根连接杆将定位框架与钢模板连接固定,防止由于外界其他原因对预埋钢筋骨架产生移动。

图2-33　定位框架横向定位

图2-34　定位框架纵向定位

图2-35　钢模板高程测量

图2-36　预埋钢筋高程测量

检查承台面层钢筋,对于因为定位框架影响的钢筋,则需要重新进行调整安装。

10.承台混凝土浇筑及养护

混凝土浇筑时,用土工布将定位框架包裹好,防止混凝土污染定位框架。如图2-37所示。

承台混凝土浇筑采用泵送浇筑,保持连续性,不可间断,分层一次性浇筑完成。采用振捣棒均匀振捣,振捣时不要触碰到预埋连接钢筋。浇筑完成后进行表面收光、抹面。混凝土表面应进行多次抹平。如图2-38、图2-39所示。

图2-37　承台混凝土浇筑

图2-38　承台混凝土表面收光

混凝土浇筑完成后,用塑料套管将伸出承台面的钢筋套住保护,然后覆盖土工布进行洒水养护。如图2-40所示。

图2-39　承台混凝土抹面

图2-40　承台混凝土养护

11.拆除钢模板及拔钢板桩

混凝土养护完成后,先拆除钢模板背后支撑,用扳手拧松钢模板外"三段式"螺杆的螺母,拆除其外露螺杆。然后,拆除定位板和钢模板连接杆件。最后用扳手拧松钢模板之间的连接螺栓和精轧螺纹钢螺母,将钢模板逐块用250kN起重机吊到干净的地面分块堆放,并立即清理模板表面。如图2-41、图2-42所示。

图 2-41　承台钢模板拆除(1)　　图 2-42　承台钢模板拆除(2)

钢模板拆除后,将围檩连接螺栓拧松,然后用起重机将围檩支撑吊到地面上,最后用振动插板机拔出所有钢板桩。

施工注意要点:

(1)承台预埋定位框架和随后施工的立柱套筒定位框、定位板,应由同一个钢模板生产厂家,同时对应加工,以防出现偏差,影响套筒和预埋钢筋的精度。

(2)承台混凝土浇筑前,对定位框架进行精细放样测量,偏差值控制在5mm以内。

第三章　第二种形式承台施工

一、套筒连接器加工

套筒连接器加工流程：制作套筒定位框架→安装定位框架、波形钢管套筒→焊接角钢固定→拔除顶部定位框架→焊接套筒底部钢板→拔除底部定位框架→钢筋加工。

套筒连接器采用波纹钢管套筒，利用长1m、外径5cm、内径4.5cm的高强度特种钢管材料压制成波纹。如图3-1、图3-2所示。

图3-1　波形钢管套筒(1)　　　　图3-2　波形钢管套筒(2)

1.制作套筒定位框架

根据立柱设计图纸内芯混凝土尺寸，下料切割一块1.5cm厚的钢板，作为立柱预留钢筋定位板。沿着定位板上面四周叠放宽10cm的钢板，边缘与定位板平齐，并将四周钢板焊接成一个定位框架。同样做两个定位框架，然后叠放在定位板上，根据设计图纸预留的钢筋位置进行打孔。一次性地将一个定位板和两个定位框架的对应孔打穿，孔径为5cm。这样便能保证定位板和两个定位框架预留孔完全重合,位置误差几乎为零。如此完成两个定位框架的制作。如图 3-3、图 3-4 所示。

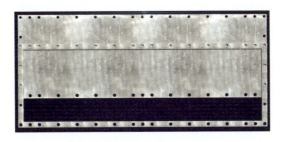

图 3-3　定位板和定位框架一起打孔

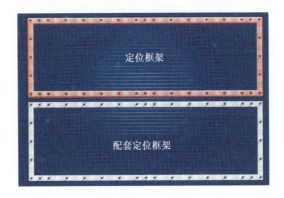

图 3-4　波形钢管套筒整体加工定位框架

2. 安装定位框架、波纹钢管套筒

1) 安装底部定位框架

在平整的厂房地坪上铺垫型钢,在型钢上铺垫第一块定位框架,在定位框架预留孔位置竖立波纹钢管套筒,并保证预留孔与波纹钢管位置偏差在 2mm 以内,波纹钢管垂直度偏差小于 2mm。如图 3-5、图 3-6 所示。

2) 安装顶部定位框架

在竖立的波纹钢管上安装顶部定位框架。如图 3-7～图 3-9 所示。

3. 焊接角钢固定

在距离底部定位框架 20cm 位置焊接 L10 号角钢,所有波纹钢管套筒与角钢焊接成整体。如图 3-10 所示。

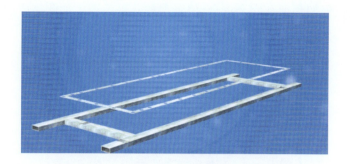

图 3-5　铺设底部定位框架

图 3-6　安装波形钢管套筒

图 3-7　安装顶部定位框架

图 3-8　定位框架安装完成(1)

图 3-9　定位框架安装完成(2)

图 3-10　L10 号角钢焊接

4. 拔除顶部定位框架

底端连接固定角钢焊接全部完成后,拔除顶部定位框架。如图 3-11 所示。

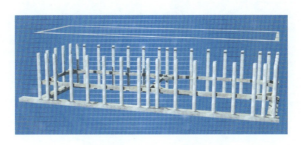

图 3-11　拔除顶部定位框架

5. 焊接套筒底部钢板

顶部定位框架拔除后,在波纹钢管上口焊接 10cm 宽的垫层钢板(图 3-12),让所有的波形钢管与垫层钢板全部密封焊接;并且在底端 20cm 的位置焊接 L10 号角钢,角钢与所有的波形钢管外壁焊接,把所有波形钢管连接成整体。在 4 个角位置处,加固一道斜撑角钢,如图 3-13 所示。

6. 拔除底部定位框架

角钢焊接完成后,将整体波形钢管套筒翻转,垫层钢板位于底端,然后拔除底部定位框架。

7. 钢筋加工

从波形钢管套筒底部开始,每间隔 10cm 设置一道直径为 10mm 的纵横向拉筋和箍筋,共 9 道,以使钢筋与套筒成为一个坚固整体。如图 3-14、图 3-15 所示。

图 3-12　钢板密封焊接

图 3-13　波形钢管套筒角钢定位

图 3-14　波形钢管套筒箍筋布置

图 3-15　钢筋加工

二、承台预埋波形钢管套筒施工

施工工艺流程:承台钢板桩施工→承台土方开挖→承台垫层混凝土施工→承台底部和侧面钢筋施工→套筒连接器吊装及固定→承台钢筋施工及立模→混凝土浇筑及养护→拆除模板及承台回填。

1. 承台钢板桩施工

钢板桩施工方法参见第一种形式承台施工方法。如图 3-16 所示。

图 3-16　承台插打钢板桩

2. 承台土方开挖

施工方法参见第一种形式承台施工方法。土方开挖完成后,凿除钻孔桩桩头混凝土。

3. 承台垫层混凝土施工

承台土方开挖到设计高程后,对承台底进行整平,立垫层混凝土模板,然后浇筑垫层混凝土,再整修桩头。如图 3-17 所示。

4. 承台底部和侧面钢筋施工

按照设计图纸对波形钢管套筒整体位置,纵横向进行精确定位放样,放出纵横向中心线。然后进行承台底部和侧面钢筋加工。承台绑扎钢筋时,应预留整体套筒位置。如图 3-18 所示。

图 3-17　承台垫层混凝土施工

图 3-18　承台底部和侧面钢筋加工

5.套筒连接器吊装及固定

对整体套筒高程进行测量,在整体套筒底部位置横向搭设 4 根 φ16mm 的螺纹钢筋。然后用 2 根吊带绑住整体套筒连接器,采用 250kN 起重机缓慢下放。整体套筒下放到位后,进行高程测量,保证套筒口与承台表面平齐,并将高程误差控制在 5mm 以内。当纵横向定位偏差小于 5mm 后,将其与承台内钢筋焊接固定。如图 3-19、图 3-20 所示。

图 3-19　整体套筒吊装

图 3-20　整体套筒固定

6.承台钢筋施工及立模

套筒整体安装到位后,先立承台钢模板,然后进行承台其余部分的钢筋焊接和绑扎,并确保钢筋加工符合规范要求。钢模板采用 250kN 起重机拼装,钢模板之间采用精轧螺纹钢和螺栓连接。如图3-21、图3-22所示。

图3-21 钢模板吊装

图3-22 承台钢筋加工

钢筋全部加工完成后,安装侧面混凝土保护层垫块,然后对钢筋进行测量复核,尤其是整体套筒位置及高程的复核。确保误差小于5mm后,对钢模板固定,钢模板与承台钢筋之间采用"三段式"螺杆连接。

7. 混凝土浇筑及养护

承台钢筋加工全部完成后,用木楔将所有套筒口塞紧,保护好套筒口,防止外面的水和杂物进入波形钢管套筒内,并对承台内钢筋及杂物进行清洗,如图3-23所示。

图3-23 套筒口保护及承台清洗

然后采用搅拌车运输、溜槽浇筑的方式,对承台混凝土分层一次性浇筑(图3-24)。混凝土浇筑时,振捣棒与波形钢管保持一定距离,防止振捣棒压扁和损伤波形钢管套筒。混凝土浇筑完成后,对其表面进行收光、抹平。待混凝土将近初凝时,再次用刮刀进行精平抹光。然后对承台表面覆盖土工布养护,在混凝土养护期间,套筒继续用木楔塞紧,防止杂物和水流入套筒内。如图3-25、图3-26所示。

图3-24 混凝土浇筑

图3-25 混凝土表面收光

图3-26 混凝土浇筑完成

8.拆除模板及承台回填

混凝土养护7d后,用250kN起重机拆除承台钢模板,用插板机拔除围护钢板桩,然后回填承台周边土至承台面。

施工注意要点:

(1)承台预埋套筒定位框架与立柱预埋钢筋定位框架,要求由同一个厂家加工生产,一次性配套加工。

(2)承台混凝土浇筑前,应对预埋套筒进行测量复核,误差控制在5mm以内。

(3)承台浇筑完成到立柱拼装前,保持套筒内干净,防止杂物掉入。

第四章　第一种形式立柱预制拼装

立柱按照高度、截面大小,可分成两种形式的预制拼装工艺。对于不同的预制拼装工艺,连接器的连接方式和预埋位置不同。

第一种形式的立柱,高度相对较高,截面面积相对较小,顶端有盖梁。这种立柱采用的连接方式为:立柱底端预埋灌浆套筒连接器,承台预埋连接钢筋,立柱顶面预埋连接钢筋,盖梁上预埋灌浆套筒连接器或波形钢管连接器。在承台和立柱结合面坐浆,浆液强度为60MPa,然后在立柱和承台连接处灌浆套筒内压浆,浆液强度为100MPa;在立柱和盖梁结合面坐浆,浆液强度为60MPa,然后在立柱和盖梁连接处灌浆套筒内压浆或波形钢管连接器直接倒浆,浆液强度为100MPa。

第二种形式的立柱,高度相对较矮,截面面积相对较大,立柱顶端没有盖梁,宽度大的梁板直接安装在立柱上。这种立柱的连接方式为:立柱底端预埋连接钢筋,承台内预埋波形钢管套筒连接器。承台结合面坐浆和波形钢管套筒内直接倒浆同时进行,浆液强度全部为100MPa。

本章主要讲述第一种形式立柱预制拼装施工技术;第二种形式立柱预制拼装施工技术则在下一章介绍。

一、施工原理

在承台施工时,预埋直径为40mm的立柱连接钢筋,长度为40cm,如图4-1所示。采用定位框架对预留钢筋间距定位,以保证其间距的误差控制在2mm以内,同时对预留钢筋的位置进行放样定位,确保误差控制在5mm以内。立柱的预制在工厂内进行,在立柱钢筋加工胎架底端固定定位板,顶端固定定位框架,利用定位板对每个连接套筒定位安装绑扎固定,然后进行立柱钢筋骨架加工、入模和混凝土浇筑,如图4-2所示。待承台施工完毕后,将预制好的相应规格立柱运输至施工现场。在承台顶、立柱底预埋套筒位置交接面铺设 60MPa 的高强度浆料,采用大型起重机将预制立柱安装到承台上(图 4-3)。立柱拼装完成后,在立柱连接套筒内压入 100MPa 的高强度浆料。

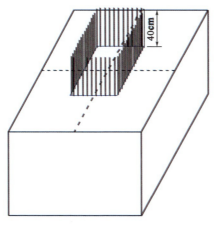

图 4-1　承台预埋连接钢筋示意图

图 4-2　立柱工厂预制示意图

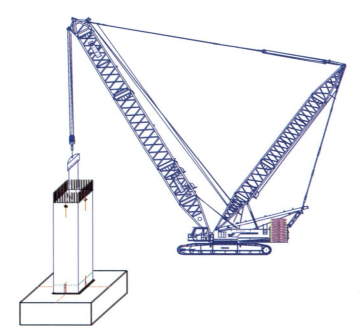

图 4-3　立柱拼装示意图

二、施工工艺流程

第一种形式立柱预制拼装的施工工艺流程为：立柱预制→立柱运输→立柱现场拼装。

三、操作要点

(一) 立柱预制

立柱预制施工工艺流程如图 4-4 所示。

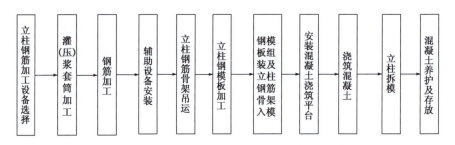

图 4-4　立柱预制施工工艺流程图

立柱加工厂布置。根据工程实际情况，立柱钢筋下料、弯曲等可以和盖梁、梁板等合并在一起。钢筋加工胎架、立柱浇筑底座、立柱堆放必须进行分区建设。在立柱堆放区应设置一个立柱翻转的砂坑。

1. 立柱钢筋加工设备选择

为保证钢筋加工精度，钢筋下料弯曲在专门的钢筋加工车间进行，采用进口数控机床加工，以提高钢筋的加工精度。将钢筋的长度、角度、宽度等尺寸按照设计图纸输入数控机床计算机内，操作人员输入加工的数量，机床自动弯曲加工成型。加工成型的钢筋整齐码放，并做好标识和标志。

2. 灌(压)浆套筒加工

1) 套筒样式

灌浆连接套筒采用高强球墨铸铁制作，单个套筒尺寸如图 4-5 所示。套筒相互之间采用箍筋连接，所有套筒制作成整体灌浆连接型套筒，套筒一端为预制安装端,另一端为现场拼装端,套筒中间设置钢筋限位挡板;预制安装端及现场拼装端长度均不小于 10 倍的纵向钢筋直径,现场拼装端内径尺寸为 50mm;套筒下端应设置压浆口,套筒上端应设置出浆口,压浆口与端部净距大于 2cm;套筒制作允许误差为 2mm。

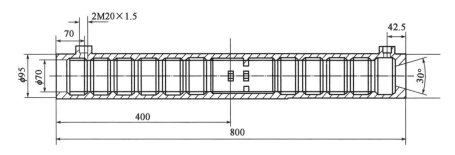

图 4-5 单个套筒(尺寸单位:mm)

灌浆连接套筒应符合行业标准《钢筋连接用灌浆套筒》(JG/T 398—2012)的规定。灌浆连接套筒采用球墨铸铁制造,材料应符合国家标准《球墨铸铁件》(GB/T 1348—2009)的规定,其材料性能还应符合表 4-1 的规定。

连接套筒材料性能 表 4-1

项　　目	性能指标	项　　目	性能指标
抗拉强度 σ_b(MPa)	≥550	球化率(%)	≥85
断后伸长率 δ_s(%)	≥5	硬度(HBW)	180~250

考虑到立柱拼装时安装牛腿的临时固定,灌浆套筒制作时,进出浆孔内壁应进行粗牙车丝,与牛腿的螺栓配套。

2)定位板和定位框架加工

一整套定位系统有两块定位框架和两个定位板。一个定位框架用于立柱主钢筋顶端定位,另一个定位框架用于承台预埋连接钢筋定位。定位板和定位框架必须在同一个钢模板厂内生产,并且同时进行,确保两块定位板和两个定位框架预留孔洞一一对应,丝毫无差。定位框架每个预留孔处设置一个可调式螺杆,利用螺杆的进出对预埋钢筋偏差进行微调,以保证预埋钢筋位置偏差在 2mm 以内,如图 4-6、图 4-7 所示。

一个定位板用于套筒底端定位用,另一个定位板用于盖梁预制套筒底端定位;每个定位板与套筒对应位置设置一个橡胶圆柱底塞,其大小和套筒内径一致,用螺栓穿过圆柱中心和定位板预留孔,把圆柱底塞固定在定位板上,如图 4-8、图 4-9 所示。

图 4-6 定位框架

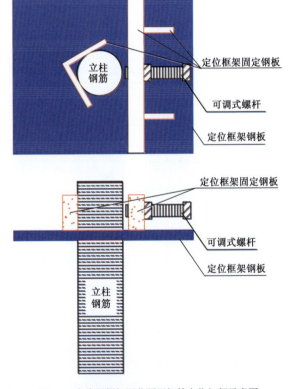

图 4-7 定位板螺杆调节预埋钢筋定位细部示意图

图 4-8　螺栓固定　　　　　　　图 4-9　定位板

底塞(密封柱塞)主要由螺栓、顶端钢垫片、橡胶柱塞、下端钢垫片、垫圈、螺母组成。利用橡胶的柔性,底塞塞入套筒时,橡胶柱塞略微小于套筒内壁,如图 4-10 所示。当底塞塞入套筒后,拧紧外面螺母,压缩橡胶柱塞,橡胶柱塞体积膨胀,塞紧套筒内壁,从而达到密封的效果,如图 4-11 所示。

图 4-10　橡胶底塞　　　　　　　图 4-11　底塞安装

3)套筒加工

套筒加工在立柱钢筋加工胎架上进行,先按照立柱钢筋设计图纸制作一个钢筋加工胎架。立柱钢筋加工胎架由底座、支架、挂片及定位板组成,如图 4-12 所示。其中,支架包括伸出钢筋端定位板支架、中间主筋挂片架立支架、套筒端定位板支架,挂片包括上下缘主筋挂片、左右缘主筋挂片、下缘箍筋挂片及手持式箍筋卡尺。

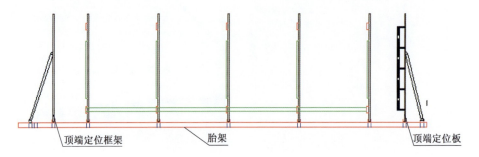

图 4-12　钢筋加工胎架示意图

立柱钢筋笼制作前,对胎架的各个部件进行验收复测,尤其是钢筋端定位板预留孔、套筒端定位板预留底塞及挂片的开孔开槽位置更需精确测量。拼装过程中,要求胎架底座安装水平,精度控制在 2mm 以内。各支架安装要求位置精确、状态垂直,精度控制在 2mm 以内。胎架安装完成后对各支架整体进行测量,保证每个支架在同一条线上,防止主筋安装时产生弯扭。然后采用厂内门式起重机在钢筋加工胎架上安装套筒定位板,把每个套筒的底端套进定位板预留底塞,拧紧底塞螺栓,固定套筒。最后把所有固定的套筒用箍筋和拉钩筋绑扎成型,让所有套筒成为一个牢固的整体,如图 4-13～图 4-16 所示。

图 4-13　定位板安装　　　　　图 4-14　定位板底塞安装

图 4-15　套筒间箍筋加工

图 4-16　套筒成型

3. 钢筋加工

立柱钢筋的整个绑扎过程共分成 6 个步骤，整个过程边加工边测量，确保每一步加工的精度得到控制。所有主筋从顶端定位框架预留孔穿过后，一端插入套筒内，顶紧套筒内隔板，另一端停放在顶端定位板孔内。6 个步骤具体如下：

（1）安装上排主筋。

（2）安装两道箍筋。

（3）安装底排主筋及侧面有拉钩的主筋。

（4）安装竖向和横向拉钩。

（5）安装侧面其余的主筋。

（6）将箍筋及拉钩与主筋全部焊接到位。

套筒定位安装、主筋安装流程为：底塞安装→套筒定位安装→主筋插入套筒→主筋插入套筒定位，如图 4-17～图 4-20 所示。

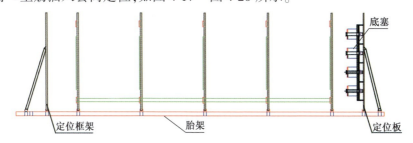
图 4-17　底塞安装示意图

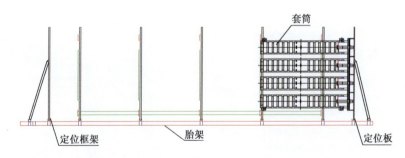

图 4-18　套筒定位安装示意图

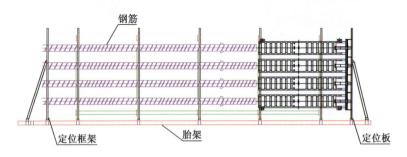

图 4-19　主筋插入套筒示意图

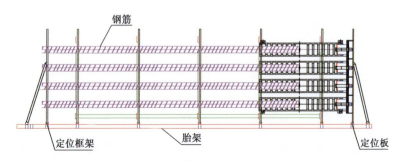

图 4-20　主筋插入套筒定位示意图

4. 辅助设备安装

辅助设备安装包括套筒止浆塞安装、柱顶钢绞线吊点埋设、保护层垫块安装、套筒顶端加强钢筋安装、柱顶盖梁挡浆抱箍预埋螺栓连接器安装、沉降观测点预埋连接器、防裂钢筋网布置等。

1）套筒止浆塞安装

套筒止浆塞从套筒厂家配套购入,以保证其密封性(图 4-21)。止浆塞小头伸入套筒进出浆口内,外部大头刚好密贴立柱钢模板与立柱混凝土外表面平齐。如图 4-22 所示。

图 4-21　套筒止浆塞

图 4-22　套筒止浆塞安装

2）柱顶钢绞线吊点埋设

在立柱顶面设置 2 个吊点,间距为 1m 左右,每个吊点由多股钢绞线组成。每股钢绞线采用 $\phi^s15.2$,钢绞线埋深 1.0m,露出混凝土面 20cm,钢绞线顶端弯曲部分采用镀锌铁皮管外套,增加钢绞线吊点的局部抗剪能力,铁管长度为 400mm,形状为 $R60$ 的圆弧。吊点处加装钢丝网片加强。底端采用 P 锚,如图 4-23～图 4-25 所示。每根吊点钢绞线设计吊力为 150～200kN。为防止立柱今后转体翻身时,吊点钢绞线损伤立柱顶面混凝土,应在吊点与立柱顶端混凝土结合位置设置一道柔性物（比如木条）,立柱吊装完成后,把柔性物清理干净。

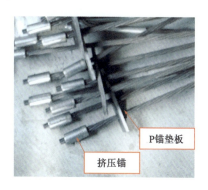

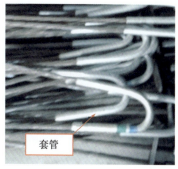

图 4-23　吊点钢绞线

图 4-24　立柱顶面吊点布置　　图 4-25　钢绞线吊点埋设示意图

单个吊点钢绞线股数根据立柱的重量设置。重量在 450kN 以下的，采用两股钢绞线；重量在 450~1000kN 的，采用三股钢绞线。

通过吊点试验，得到每股钢绞线吊力结果如下：

（1）竖直起吊

钢绞线埋深 0.8m 的吊点，受力为 400kN 时断裂。

钢绞线埋深 1.0m 的吊点，受力为 450kN 时断裂。

钢绞线埋深 1.2m 的吊点，受力为 350kN 时断裂。

（2）翻转起吊

钢绞线埋深 0.8m 的吊点，受力为 250kN 时断裂。

钢绞线埋深 1.0m 的吊点，受力为 300kN 时断裂。

钢绞线埋深 1.2m 的吊点，受力为 260kN 时断裂。

通过试验发现，埋深 1.0m 的钢绞线受力最佳，所以选择埋深 1.0m 钢绞线。

3）保护层垫块安装

保护层垫块采用和立柱相同强度等级的混凝土制作，采用圆形垫块，垫块安装与立柱主筋垂直，安装密度为 4 块/m²。如图 4-26 所示。

4)套筒顶端加强钢筋安装

立柱主筋伸入连接套筒的结合处,在套筒内设置密封止浆环,防止立柱混凝土浇筑时,浆液渗入套筒内阻塞套筒;同时防止后序套筒压浆时浆液渗出。为了增强止浆环的稳定,在立柱主筋与套筒结合处增加一道加强钢筋。如图4-27所示。

图4-26 保护层垫块安装

图4-27 加强钢筋设置

5)柱顶盖梁挡浆抱箍预埋螺栓连接器安装

立柱与盖梁拼装时,结合面需要坐浆,为了防止浆液外溢,应在立柱顶面安装挡浆抱箍。为固定挡浆抱箍,在立柱顶面预留抱箍固定螺栓连接器。连接器样式为:精轧螺纹钢中间抽空,车丝。把连接器端部固定在立柱钢筋上,车丝孔面加盖一个塑料帽,塑料帽应与立柱混凝土面保持平齐。如图4-28、图4-29所示。

6)沉降观测点预埋连接器

在沉降观测点位置预埋连接器,待立柱安装后,用一端带螺纹的"7"字形螺杆拧进预埋连接器孔内。连接器形状和安装如同挡浆抱箍预埋连接器。

7)防裂钢筋网布置

当立柱高度超过10m时,为防止立柱在吊装过程中产生裂缝,从而影响立柱外观及使用性能,应在立柱钢筋表面增加防裂钢筋网。钢筋网由直径10mm的螺纹钢组成,如图4-30所示。

图4-28 螺栓连接器　　　　　图4-29 螺栓连接器预埋

5. 立柱钢筋骨架吊运

立柱钢筋骨架包括底端定位板、连接套筒和顶端定位框架(图4-31)以及所有附属构件,待钢筋骨架加工完成后,采用2台200kN厂内门式起重机将钢筋骨架平放整体起吊,然后堆放在支架上。由于钢筋骨架比较长,应采用辅助吊具,在吊具两端各设置一个吊点配吊索,吊架及链条锁挂上缘外侧钢筋的方式起吊。如图4-32~图4-36所示。

图4-30 防裂钢筋网　　　　　图4-31 钢筋顶端定位框架

6. 立柱钢模板加工

立柱钢模板由底座和4片整体式钢模板组成。为防止立柱混凝土浇筑时钢模板的变形,确保钢模板的刚度,钢模板采用厚度10mm的钢板。相邻之间的钢模板采用精轧螺纹钢连接。精轧螺纹钢连接和普通的螺杆连接相比,具有两个方面的优点:①刚度比普通螺杆的大,不容易断裂。②连接方便,普通螺杆为确保连接刚性,采用短的双螺母,施工时,容易漏装一个螺母,造成钢模板爆模;而精轧螺纹钢螺母具有固定长度,且比普通双螺母长,能确保连接刚度。

图4-32 辅助吊具

图4-33 吊索

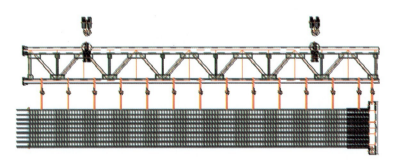

图4-34 立柱钢筋骨架起吊示意图

1)底座施工

底座安装前,应对地基进行处理并且压实,如果碰到软地基应进行回填处理,以确保地基的承载力,然后浇筑高强度混凝土。混凝土浇筑时应严格控制其平整度,在基础顶面预埋钢板,钢板每边比立柱宽15cm,然后进行基础钢板与钢基座拼装、调平和焊接固定,如图4-37所示。

图4-35 立柱钢筋起吊

图4-36 立柱钢筋骨架临时堆放

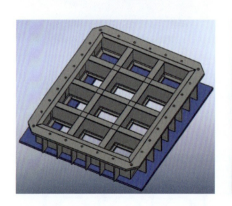

图4-37 底座

2)钢模板加工

钢模板由4片整体式模板组成,宽面模板带倒角,窄面模板为平板。模板拼缝采用螺栓连接,相邻模板采用精轧螺纹钢连接,如图4-38~图4-40所示。

7.钢模板组装及立柱钢筋骨架入模

钢筋骨架入模前,先进行立柱钢模板部分拼装。钢模板拼装次序为:将宽面模板平放在混凝土上→第一片窄面模板拼装→第二片窄面模板拼装。

安装侧面模板时,为防止由于先安装一侧模板导致受力不平衡而发生倾覆现象,应在模板安装过程中采用可调节竖向支撑钢管来支撑立柱模板,支撑设置间隔为1~2m。三面钢模板拼装成"U"形后,吊装立柱钢筋骨架,然后封盖第二片宽面模板,4片模板拼装连接成型后,利用钢模板顶端的吊点,采用大型门式起重机将平放的钢模板和立柱钢筋骨架整体翻转成竖向,然后采用厂内门式起重机将竖立的钢模板整体起吊运送到底座上。如图4-41~图4-45所示。

图4-38　钢模板

图4-39　拼缝螺栓连接　　　　图4-40　相邻模板精轧螺纹钢连接

所有钢模板拼装前,应对模板进行清理,喷涂脱模剂。钢模板采用环氧磷酸锌底漆刷涂,浇筑混凝土后拆除的钢模板表面清理简便,构件混凝土表面光泽度好。

图 4-41 宽面模板平放

图 4-42 窄面模板拼装

图 4-43 立柱钢筋骨架入模

在钢模板翻转过程中,采用一端起吊,另一端落地的形式。门式起重机吊住钢模板顶端,底端铺垫软性物,比如砂袋、橡胶轮胎、成捆的土工布等。最后将立柱钢筋骨架吊至底座位置,将立柱钢筋骨架定位板螺栓孔与底座钢板螺栓孔对齐,并用螺栓临时连接,在四个角布置缆风绳作为微调整、防倾覆及防偏移措施。采用20kN镀锌钢丝绳作为缆风绳,地面铁板焊接钢板地锚。每道缆风绳设置一个法兰螺杆。

第四章　第一种形式立柱预制拼装

图4-44　封盖宽面模板

图4-45　钢模板翻转

钢模板垂直度是一个控制重点,所以在钢模板与底座安装时,应严格控制其垂直度。可采用两台经纬仪对钢模板纵横向进行观测,垂直度采用底座与缆风绳的法兰螺杆配合调整。当钢模板与地面铅垂后,拧紧底座与定位板的连接螺栓以及缆风绳的法兰螺杆,如图4-46、图4-47所示。

图4-46　钢模板与底座连接

图4-47　缆风绳固定

8.安装混凝土浇筑平台

混凝土浇筑平台采用型钢制作,在立柱钢模板制作时,相互配套。平台内螺栓孔与立柱钢模板采用螺栓连接,悬挑部分利用斜撑和立柱钢模板通过螺栓连接。平台每边宽出立柱钢模板80cm,防护栏杆高1.2m。先用门式起重机将浇筑平台吊至钢模板顶端,初步放置好;然后安装人员站立在登高车栏内,升起登高车,将安装人员送到需要的位置;最后用扳手将所有螺栓全部拧紧。如图4-48、图4-49所示。

 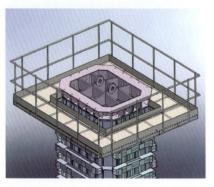

图4-48 混凝土浇筑平台　　　　　图4-49 混凝土浇筑平台连接

9.浇筑混凝土

预制立柱混凝土采用立式浇筑工艺,高性能自密实混凝土一次性浇筑完成。用2台载重16m³的混凝土搅拌车运输和一台46m长的混凝土泵车进行立式浇捣,如图4-50所示。

图4-50 混凝土浇筑

为了防止混凝土离析,在泵车的出口接入橡胶导管,导管插入立柱钢模板内,导管出口距离混凝土浇筑面1.0~1.5m。混凝土浇筑前,通过登高车将浇筑工人送到浇筑平台上;浇筑完成后,人员通过登高车回到地面,如图4-51所示。

图4-51　登高车配合人员上下平台

10. 立柱拆模、混凝土养护及存放

1)立柱拆模

混凝土浇筑完成且达到一定强度后,依次拆除混凝土浇筑平台、钢模板和钢筋定位框架。

(1)混凝土浇筑平台拆除:施工人员站在登高车栏内,升起登高车,将施工人员送到指定的位置,先将门式起重机钢丝绳扣住浇筑平台吊点,然后拧开所有平台和钢模板之间的螺栓,用门式起重机将混凝土浇筑平台整体吊放到指定位置。

(2)钢模板拆除方法:施工人员站在登高车栏内,升起登高车,用门式起重机扣住模板上端吊点,然后用扳手拧开精轧螺纹钢螺杆和节段间连接螺栓,最后将钢模板分块吊运到指定位置。

53

对于高度 6m 以内的立柱模板,由于钢模板为一节(共 4 片),可采用分块拆除。即先拆除第 1 片宽面模板,沿着一周依次拆除其他 3 片。对于高度 6m 以上的立柱模板,由于分成两节(上下共 8 片),则可采用分节分块拆除。即先拆除上节 4 片模板,再拆除下节 4 片模板。拆除方向为沿着立柱一周依次拆除,如图 4-52、图 4-53 所示。

图 4-52　模板拆除示意图

图 4-53　立柱拆模

(3)定位框架拆除:升起登高车,将站在登高车栏内的施工人员送到立柱顶面,先用门式起重机扣住定位框架吊点,然后用扳手拧松孔内调节螺杆,再将定位框架吊运到指定位置。

2)立柱混凝土养护

混凝土浇筑完成后,进行喷淋洒水养护,养护时间为 7d。具体操作为:在立柱顶面安装一个框架,框架上均匀布置喷水头,喷水头通过输水管和水泵连接。水泵和自来水管相接。通过电磁阀自动控制洒水时间和频率,如图 4-54 所示。

3)立柱存放

立柱养护 7d 后,采用厂内门式起重机将立柱吊运至存放地。存放地的地基事先应进行处理,地面采用混凝土浇筑、整平。立柱存放采取竖立的方式,出厂时进行翻转运输,如图 4-55 所示。

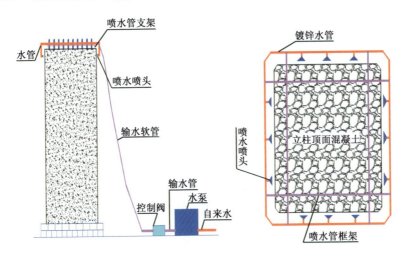

图 4-54　混凝土养护示意图

图 4-55　立柱存放

(二) 立柱运输

1. 运输道路选择

预制成型的立柱,因具有不同的截面和高度,其重量也不同,最重的立柱可达 1000kN 以上,最长的立柱可达 12m,所以选择运输路线至关重要。路线选择主要考虑以下三方面的因素：

（1）从载重方面考虑。沿线是否有危桥和限重的桥梁，否则必须改变运输路线或加固桥梁。

（2）从高度方面考虑。沿线是否有限高处，限高高度是否满足运输高度，否则，必须改变运输路线。

（3）从长度方面考虑。沿线车辆转弯处，转弯半径是否满足车辆转弯要求，否则必须改变运输路线或临时加宽道路转弯半径。

2. 运输车辆选择

为了尽量减少对沿线道路的损坏，不得采用超载车辆，并且采用多轴车辆，单轴考虑载重 150~200kN。前车采用大型牵引车，后车采用液压式平板车。

3. 其他主要事项

（1）根据立柱的长度，确定前后托车的位置和距离；装车时，前后托车中心位置保持一直线，中间用钢丝绳进行连接；同时在前后转盘与立柱之间用枕木作为填衬。

（2）构件装车后，两侧前后用尼龙吊带或钢丝绳进行绑扎，在与构件接触部位用麻布包角填衬后，使用紧绳器或手拉葫芦收紧绳索；并拉设警示绳，悬挂示宽警示灯。

（3）构件运载前，应向各有关部门办妥一切相关手续；实施运载时，应严格按规定时间和路线进行。构件运输时，须配备开道指挥车一辆；车辆转弯应启用随车遥控自动转向装置。

（4）车辆行驶时，转弯速度保持在 5km/h 左右，确保构件运输安全。

（5）根据现场工况条件，明确构件吊装顺序和进场方向，并确定立柱出厂时立柱顶和立柱底装车的方向。

4. 立柱翻转装车

厂内预制的立柱采用竖向堆放存储，运输时采用平放，所以在装车前应对立柱进行翻转。

立柱翻转装车次序为：竖向立柱起吊→立柱翻身→立柱平放→穿吊带→立柱装车。具体而言，立柱翻转在砂坑上进行，先用门式起重机将立柱顶端吊点吊住,慢慢吊运至砂坑上。立柱底端靠近砂坑,缓慢将立柱顶端放下,当立柱顶端将要靠近砂坑时,将两根 1000kN 涤纶柔性吊装带穿过柱身;立柱平躺后,卸除顶端吊点卸扣,用一台大型门式起重机配合吊具,扣住 2 根吊带将立柱吊至运输车上。同时,应在运输车上设置 2 道枕木,将立柱平放在枕木上,然后将立柱捆绑固定。如图 4-56～图 4-61 所示。

图 4-56　立柱装车起吊　　　图 4-57　立柱起吊示意图

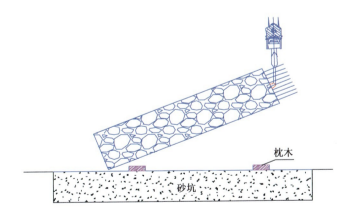

图 4-58　立柱翻身示意图

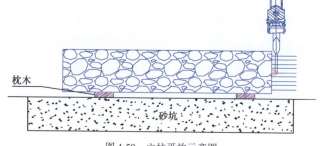

图 4-59　立柱平放示意图

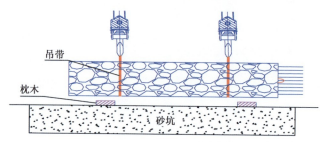

图 4-60　立柱穿吊带平着起吊示意图

图 4-61　立柱装车运输示意图

(三) 立柱现场拼装

立柱现场拼装施工工艺流程图,如图 4-62 所示。

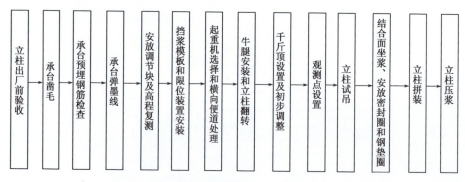

图 4-62　立柱拼装施工工艺流程图

1. 立柱出厂前验收

（1）长(高)度验收。立柱出厂前,应对立柱的高度进行测量,确保立柱高度偏差值小于5mm。

（2）弹墨线。在立柱纵横向侧面进行分中弹墨线,在离立柱顶30cm处,"十"字墨线处,粘贴带刻度的"宝马"标志;在立柱底部弹分中墨线,为随后立柱拼装观测提供观测点,如图4-63、图4-64所示;在立柱顶面弹中心墨线,为随后盖梁拼装做准备。

图4-63　顶端带刻度的"宝马"标志　　　图4-64　立柱分中墨线

弹立柱侧面中心墨线的精确度控制方法为:由于立柱混凝土浇筑时,四个面的钢筋混凝土保护层难免存在偏差,相互对立的两个面的混凝土保护层厚度难以做到绝对一致、丝毫无误。而立柱拼装主要控制立柱套筒与承台预留钢筋的对接,所以以预埋套筒为准进行分中,从立柱预埋套筒中心开始向两侧分中弹墨线,从而能够确保立柱拼装的精度。同样地,立柱顶面以预埋钢筋为准进行分中,分中线以预埋钢筋中心向两侧分中。绝对不能以立柱混凝土边缘为准进行测量分中。

（3）套筒疏通清理。先用高压水枪对套筒进行冲水,然后用空压机对立柱预埋套筒进行吹干,以确保拼装时承台预埋钢筋能够顺利插入,不发生阻塞现象。

（4）对立柱顶面和底面进行凿毛,以增强结合面的黏结力,如图4-65、图4-66所示。

2. 承台凿毛

为增强立柱与承台拼接面的黏结性,应对立柱范围内的承台拼接面进行凿毛,凿毛要求露出混凝土集料为止,凿毛后用高压水枪冲洗干净,并用吸尘器对凿毛区域内的水和灰尘吸干净,如图4-67所示。立柱中心安放调节垫块位置不进行凿毛。

图4-65 立柱顶面凿毛

图4-66 立柱底面凿毛

3. 承台预埋钢筋检查

测量每根预埋钢筋的长度,以保证钢筋露出承台混凝土表面的长度偏差在(−5mm,0mm)以内,如果偏差过大,应使用手动砂轮切割打磨,如图4-68所示。

图4-67 承台拼接面凿毛清理

图4-68 预埋钢筋切割打磨

预埋钢筋清理:用钢丝球对预埋钢筋表面进行除锈处理,然后用干净的毛巾擦拭钢筋表面。

4. 承台弹墨线

根据设计图纸,用全站仪测出承台面立柱纵横向中心线和立柱四周边沿线,并弹出墨线。纵横向中心墨线延伸至承台边,如图4-69所示。

5. 安放调节块及高程复测

在承台中心位置安放调节块。调节块分两层,下面一层采用板式橡胶支座,厚2cm,平面尺寸20cm×20cm;上面一层采用钢板。然后对承台中心点高程进行复测,根据复测结果调节钢板厚度,偏小则调节钢板加厚,偏大则调节钢板减薄,如图4-70所示。

图4-69　承台中心墨线　　图4-70　中心调节块布置

在设置调节块时,应考虑橡胶支座块的压缩量,通过对橡胶支座的压力试验,画出吨位与压缩量的线性关系,以便在不同吨位的立柱拼装时,考虑不同的压缩量。

6. 挡浆模板和限位装置安装

在承台表面立柱四周边沿墨线5cm位置,安装挡浆模板(图4-71),材料采用硬木,尺寸宽15cm,厚5cm。在挡浆模板每间距1m位置,与承台对应处安装一个膨胀螺栓,挡浆模板与承台采用膨胀螺栓固定。膨胀螺栓位置应避开千斤顶的安放位置。

为了固定和微调立柱拼装时立柱底部的纵横向位置,控制立柱底部偏位在5mm以内,应在下口四个倒角位置设置L形型钢限位板进行限位调整。限位板与承台采用膨胀螺栓连接,L形型钢每边设置一个孔,调节螺杆穿过孔洞顶住钢板,钢板在拼装立柱时与立柱紧贴,利用螺杆进出来调整立柱底部纵横向位置。如图4-72所示。

图4-71 挡浆模板　　　　　图4-72 限位装置

7．起重机选择和横向便道处理

1）起重机选择

以ST公路为例,由于单个立柱最重为1200kN,根据现场施工情况和起重机的旋转半径,选用3200kN履带式起重机。为了保证立柱吊装时2个吊点的垂直度,应采用辅助吊具。吊具上设置2个吊孔,每个孔吊力为1500kN;下面设置多个吊孔,每个吊孔吊力为800kN,根据吊点的间距,调整吊孔,如图4-73、图4-74所示。

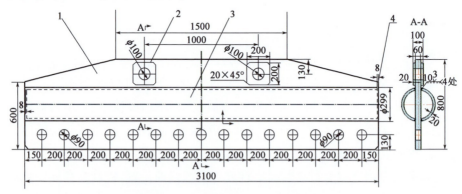

图4-73 辅助吊具示意图(尺寸单位:mm)

1-加强连接钢板;2-吊点圆孔;3-吊具钢管;4-钢管封头板

2)起重机横向行走便道的处理

根据起重机行走的路线位置,先挖除 30cm 厚的地面土,如果出现淤泥或浜塘,应予以彻底清除,然后用建筑旧料或再生碎石料进行换填,换填后采用压路机压实,最后铺设 30cm 高的重型路基钢厢板,如图 4-75 所示。重型路基钢厢板为上、下两层 2cm 厚钢板,上下钢板之间焊接竖向钢板,形成一个个小箱室。

图 4-74　辅助吊具

图 4-75　重型路基钢厢板铺设

8. 牛腿安装和立柱翻转

1)牛腿安装

在立柱四个面各安装一个型钢牛腿。每个牛腿上设置两个预留孔,预留孔的位置和立柱预留螺栓孔一一对应。立柱预留螺栓孔利用连接套筒现有的压浆孔和进浆孔;出浆孔和压浆孔的内壁在连接套筒厂家制作时,应经过车丝处理。为了提高螺栓的连接强度,应采用粗牙车丝。

牛腿安装次序为:起吊运输车上立柱→平放在枕木上→安装 3 面牛腿→立柱翻转→立柱竖向临时搁置→竖向安装第 4 个牛腿。

在平整的地面上设置两个枕木支撑点,拆除运输车上的立柱捆绑带,用两根 1000kN 吊带套进平放在运输车的立柱,吊带上端扣在辅助吊具的钢绞线卸扣内,然后将立柱平稳吊到地面枕木上,搁置平稳后,再进行 3 面牛腿的安装。螺栓穿过牛腿预留孔,用扳手拧进压浆孔和出浆孔内。如图 4-76 ~ 图 4-79 所示。

图 4-76　运输车上起吊立柱

图 4-77　立柱放置到地面枕木上

图 4-78　立柱平放安装牛腿

图 4-79　起重机钢丝绳扣卸扣

2）立柱翻转

在立柱底端放置柔性物，用辅助吊具的两根钢丝绳扣住立柱的两个吊点，立柱底枕着柔性物，起重机将立柱慢慢竖起，然后将立柱翻转竖立移动到混凝土或钢板上。立柱平稳竖立后，起重机不得脱离吊钩，再安装第 4 个牛腿。如图 4-80~图 4-83 所示。

图 4-80　立柱底端垫柔性物

图 4-81　立柱翻转

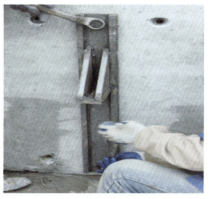

图4-82　立柱翻转到位　　　　　图4-83　立柱临时竖立牛腿安装

9. 千斤顶设置及初步调整

为了调整立柱拼装时柱顶的竖直度,在承台挡浆硬木上中间、四周各安放一个小型160kN千斤顶。每个千斤顶安放的位置与牛腿对应。千斤顶的作用主要是调整立柱拼装精度,所以采用小型千斤顶,立柱的主要受力由中央调节块承受。先测量牛腿到立柱地面的高差,然后利用其高差调节千斤顶顶面到承台面的高差,待两个高差值一致后,用水平仪调整4个千斤顶,调整到位后锁住千斤顶。如图4-84所示。

图4-84　水平仪调整千斤顶高度

10. 观测点设置

立柱拼装依靠两台全站仪来控制，设置两个观测点。在保证视野范围内，观测点离承台越远，则观测偏差值越小。如图4-85所示。

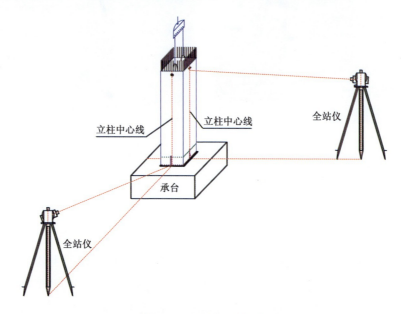

图4-85 立柱拼装观测示意图

一个观测点设在横向位置。在承台的横向中线位置延伸到20m以外，打一个木桩，设置一个观测点，架设一台全站仪，观测立柱拼装的纵向偏差值。

另一个观测点设在纵向位置。同样地，在承台的纵向中线位置延伸到20m以外，打一个木桩，设置一个观测点，架设一台全站仪，观测立柱拼装的横向偏差值。

11. 立柱试吊

起重机将立柱起吊离地后，慢慢旋转到承台中心位置，缓慢下放，当套筒靠近承台预埋钢筋位置时，稳住起重机，让套筒沿着预埋钢筋慢慢下放。当立柱底端快靠近承台时，起重机分级卸力，当起重机吊力卸至200kN后，停止卸力，开始进行立柱位置的初步调整。如图4-86~图4-90所示。

第四章 第一种形式立柱预制拼装

图4-86 立柱试吊起吊

图4-87 预埋套筒与预埋钢筋对位

图4-88 立柱缓慢下放

立柱拼装的位置调整分两步。

第一步：调整立柱底部位置。立柱下放到底后，起重机的吊力卸至200kN时，利用拼接面四个倒角处的限位装置，开始调整立柱底部位置。底部调整分为横向和纵向调整两个步骤。

67

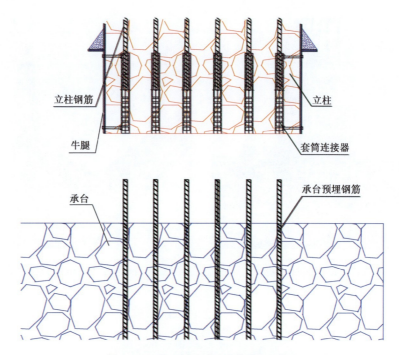

图 4-89　立柱、承台钢筋和套筒连接示意图

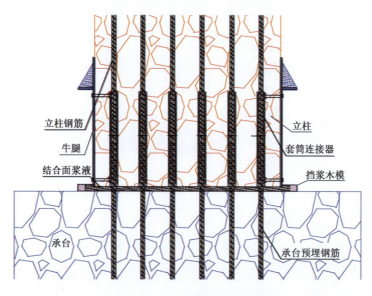

图 4-90　立柱、承台结合面示意图

①立柱底部横向调整。先用全站仪观测立柱横向底部中心线与承台面中心线是否吻合。如果立柱中心线偏向承台中心线左面,用扳手将左面限位框架的螺栓慢慢向立柱右方旋进,直到立柱底端中心线与承台面中心线完全吻合,或者偏差值小于2mm。然后拧紧相对应立柱纵向定位框架的4个螺杆。相反地,如果立柱中心线偏向承台中心线右面,则采用同样方法调整右面限位框架的螺杆。如图4-91所示。

②立柱底部纵向调整。调整方法与横向调整方法相同。

图4-91 限位框架螺杆调节

立柱底面纵、横向调整到位,8个螺杆确认全部锁定后,进行立柱顶面位置调整。

第二步:调整立柱顶面位置。利用4个千斤顶对立柱底端纵、横向位置进行调整,顶面位置调整同样分为横向和纵向调整。

①立柱顶部横向调整。先用全站仪观测立柱顶部横向"宝马"十字标志中心线与承台面中心线是否吻合。如果立柱中心线偏向承台中心线左面,则将右边千斤顶稍微放松或将左边千斤顶稍微向上微调,使得立柱顶面缓慢向右边返回,直到立柱顶端中心线与承台面中心线完全吻合,或者偏差值小于2mm,然后锁紧相对应的2个千斤顶。相反地,如果立柱中心线偏向承台中心线右面,则将左边千斤顶稍微放松或将右边千斤顶稍微向上微调,然后锁紧相对应的2个千斤顶。如图4-92所示。

②立柱顶部纵向调整。调整方法与横向调整方法相同。

通过上述操作,即可完成立柱的试吊调整,如图4-93所示。

12.结合面坐浆、安放密封圈和钢垫圈

立柱试吊完成后,将立柱吊离承台,并且离开承台工作区域,搁置在混凝土地面或路基厢板上,起重机钢丝绳不得松弛。

图 4-92　千斤顶调节立柱顶面

图 4-93　立柱试吊调整完成

将立柱和承台结合面洒水湿润,并清理承台结合面。如图 4-94、图 4-95 所示。

图 4-94　结合面清理

图 4-95　结合面洒水湿润

浆料容易受潮变质,对于浆料的保存应设置专门的防潮仓库。由于每个立柱拌浆料用量不多,所以应专门安排一辆专用卡车,车内装有拌浆机、水箱、发电机、空压机和每天需要的浆料等。坐浆时,专用卡车行驶至立柱拼装附近,随时使用。为保证浆液的拌和质量,应固定拌浆机的操作人员,并经过严格培训,合格后方可上岗。

拌浆前,先将称重好的 C60 专用浆液倒入拌浆桶内,然后根据天气情况,确定水灰比,计算加水量,称重后将水倒入拌浆桶。浆液采用 0.15～0.18 的水灰比,即 100kg 的浆料加水 15～18kg。最后开启拌浆机,先慢转 1min,再快转 3min,拌浆即可完成。如图 4-96 所示。

将拌好的浆液倒入小桶内,然后铺设在立柱和承台结合面范围内,并将铺好的浆液扒平。浆液铺设厚度至少 2cm,且与中央调节块顶面齐平。在浆液铺设过程中,先安放橡胶密封圈,在橡胶密封圈上面安放钢垫圈。如图 4-97～图 4-99 所示。

图 4-96　拌浆机拌浆

图 4-97　安放橡胶密封圈和钢垫圈

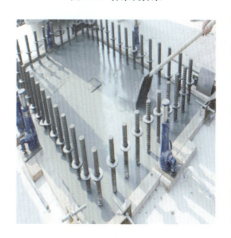

图 4-98　结合面铺设浆液

图 4-99　浆液铺设完成

13. 立柱拼装

当浆液铺设完成后,立即进行立柱拼装。由于浆液凝固控制时间在30min内,所以立柱拼装必须在30min内完成。

立柱拼装同立柱试吊的程序、偏位控制方法相同。起重机卸至200kN后停止卸力,然后进行底端和顶端中心位置调整。依靠限位框架调整底部中心线位置,依靠千斤顶调整顶端中心线位置,将立柱偏位控制在5mm以内。调整结束后,锁住限位框架螺杆和千斤顶。松开吊钩,移开起重机,铲除挡浆木模处溢出的浆液,防止多余浆液流入压浆孔,以免堵塞压浆管道。如图4-100、图4-101所示。

图4-100 立柱对准位置下放

图4-101 调节螺杆和千斤顶

14. 立柱压浆

立柱拼装完成12h后,卸掉千斤顶,拆除牛腿和挡浆模板。然后用小锤将出浆孔接头钉入出浆孔内,在接头处安装出浆管,出浆管高度必须高出预埋套筒在立柱内的高度,以保证压浆到位。如图4-102～图4-104所示。

出浆管安装完成后,采用高压水枪用自来水冲洗压浆、出浆管道。冲洗时,从压浆孔压水,从出浆孔溢出,以保证管道畅通。

压浆采用C100的浆液。浆液拌和方法同立柱结合面浆液拌和方法,开启拌浆机,先慢转1min,再快转3min。然后将拌好的浆液倒入压浆机料斗内。

图 4-102　拆除千斤顶、限位框架等

图 4-103　安装出浆孔接头

将压浆机的管道接入压浆口,开启压浆机进行压浆,下孔口为浆液入口,上孔口为浆液出口。当出浆管连续排浆且与压浆泵中浓度一致时,停止压浆,并临时封闭入浆口。当砂浆强度达到设计强度后,用水泥浆封闭进、出浆孔口。如图 4-105 所示。

图 4-104　安装出浆管

图 4-105　压浆

施工注意要点:

(1)套筒购买时,需要和厂家事先进行沟通,设计出浆孔和压浆孔内壁车丝,并且车粗牙。

(2)定位板和定位框架应由同一个钢模板生产厂家,同时对应加工,以防出现偏差,影响套筒和预埋钢筋的安装精度。

(3)立柱中心线弹墨线以预埋套筒中心线作为控制,不得以立柱混凝土中心线作为控制。

(4)承台墨线必须按照设计中心线弹画。

(5)调节块设置时,应考虑其沉降量。

(6)立柱架设时,观测点在视野范围内,越远越好,并且在地面埋设观测点。

(7)立柱顶面观测控制"宝马"标志时,应设置刻度线,以便给测量人员偏位读数一个参考。若没有刻度线,测量人员在读偏位值时,只能依靠自己的经验估值。

(8)立柱拼装时,橡胶密封圈在下,钢垫圈在上,不得错误安放。

(9)立柱拼装宜低勿高。

(10)压浆时,进浆口在下,出浆口在上。

第五章　第二种形式立柱预制拼装

一、施工原理

在承台施工中,预埋数根1m长波形钢管套筒组成的连接器,同时在工厂内预制造型立柱。待承台混凝土达到一定强度后,将预制好的造型立柱运输到施工现场。在承台与立柱交接面铺设100MPa高强度的浆液,在承台内波形钢管内填充100MPa高强度的浆液,然后采用大型起重机将立柱吊起,让预制立柱预留的1m长钢筋插入承台波形钢管连接器内。调整立柱纵横向偏位,然后放下立柱,让其与承台面结合。如图5-1～图5-4所示。

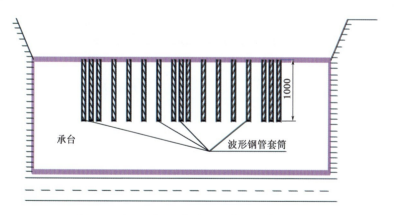

图5-1　承台预埋波形钢管套筒示意图(尺寸单位:mm)

二、施工工艺流程

第二种形式立柱预制拼装的施工工艺流程为:立柱预制→立柱运输→立柱拼装。

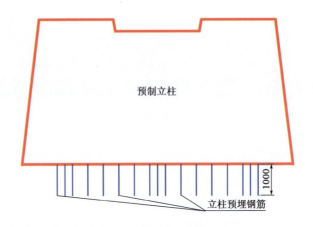

图 5-2 造型立柱预制(带预埋连接钢筋)
示意图(尺寸单位:mm)

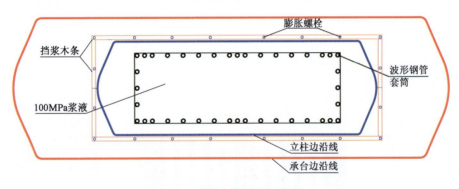

图 5-3 铺设和填充浆液示意图

三、操作要点

(一) 立柱预制

立柱为梯形,上下截面面积不同,立柱四周外表可根据桥梁美观需要而采用花岗岩等造型面。为了提高立柱外观质量和美观感,立柱预制施工分成两部分进行。第一部分为 4 块梯形造型 PC 板构件预制,第二部分为立柱内芯混凝土等截面预制。预制完成的造型 PC 板构件既是立柱结构的一部分,也作为立柱内芯混凝土浇筑时的模板。

第五章　第二种形式立柱预制拼装

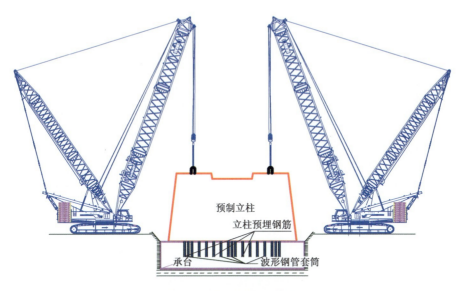

图 5-4　造型立柱拼装示意图

立柱预制的施工工艺流程为：PC 板预制→PC 板拼装→立柱预制成型，如图 5-5 所示。

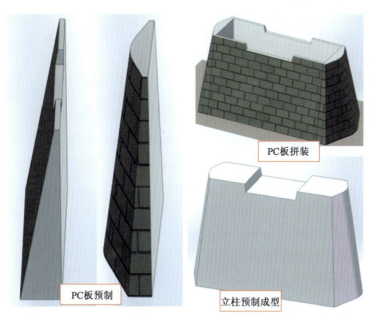

图 5-5　立柱预制示意图

1. 造型 PC 板构件预制

造型 PC 板构件预制施工工艺流程，如图 5-6 所示。

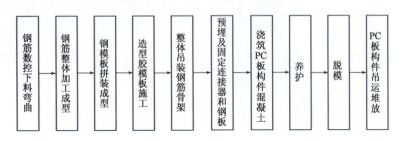

图 5-6 造型 PC 板预制施工工艺流程图

1) 钢筋数控下料弯曲

钢筋的下料弯曲集中在工厂内进行。根据工程的规模大小，设计一个钢筋加工厂布置图，然后按照布置图，建设加工厂并进行分区布置，在钢筋加工区域安装两台进口的数控设备，如图 5-7 所示。

图 5-7 钢筋弯曲数控设备

工程技术人员按照设计图纸的钢筋数据尺寸、弯角的弧度等编制数据，然后输入数控设备计算机，并进行编号。操作工人根据编号输入加工数量，数控设备自动下料弯曲成型。成型的半成品应堆码叠放，并编号标识。不同直径的钢筋应采用不同的数控设备加工。

2) 钢筋整体加工成型

下料弯曲后的钢筋按照设计图纸要求，在胎架上加工成整体骨架。钢筋的数量和直径必须符合图纸要求，钢筋间距偏差值应小于 5mm。加工成型过程中,应先进行主筋定位,然后绑扎或点焊箍筋和其他钢筋。如图5-8所示。

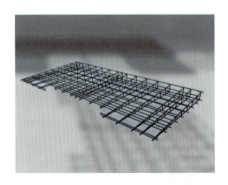

图5-8　PC板钢筋加工

3)钢模板拼装成型

钢模板采用8mm厚的钢板加工,背部加肋采用10mm厚的钢板。侧板与底板的连接采用螺栓栓接。钢模板由加工厂根据设计图纸进行制作,制作完成后,在厂内进行试拼,偏差值应小于5mm。合格后的钢模板运送到预制场,然后进行组装。对组装后的钢模板进行尺寸测量,尺寸偏差值必须小于5mm,否则应对钢模板进行整修和再次组装,直到合格为止。如图5-9所示。

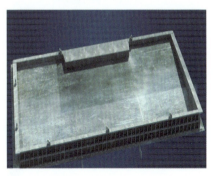

图5-9　PC板钢模板拼装

4)造型胶模板施工

下面以花岗岩造型胶模板为例进行介绍。该造型胶膜板在厂家加工成型后,对其表面进行冲洗,然后运到预制加工厂。钢模板安装完成后,将造型胶模板密贴在钢模板内。

(1)造型胶模板加工

①石膏板制作

制造石膏板模具。先将大块花岗岩按照立柱造型面尺寸进行切割下料,然后制作木模。在木模内放置切割好的花岗岩,花岗岩平面向下密贴木模,凹凸面向上,木模高出花岗岩顶面。最后在花岗岩表面和花岗岩与木模中间采用A55聚氨酯浇筑,并将聚氨酯面抹平。待聚氨酯硬化后,拆除木模,抽走花岗岩,石膏板模具制作完成。如图5-10、图5-11所示。

图5-10 花岗岩下料　　　　图5-11 花岗岩入模

在石膏板模具外套以木模框架,将石膏磨碎用水搅拌成浆液,然后将石膏液浇筑到模具内,表面抹平。待石膏硬化后,拆除木模和石膏板模具,成型的石膏板制作完成。如图5-12～图5-14所示。

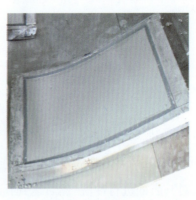

图5-12 石膏板模具　　　　图5-13 石膏板制作

图 5-14 制作成型的石膏板

由于石膏板比较脆,成型石膏板堆放时,应轻拿轻放,防止出现断裂和损伤边角。

②石膏板拼接及整修

在平整的木地面上,按照所需要的胶木板尺寸,等面积进行放样画线,然后按照设计图纸的尺寸、线条进行石膏板拼接(图 5-15、图 5-16)。用刨子把石膏板边缘刨平整,然后紧密排布每一块石膏板。整片石膏板布置完成后,用小刮刀蘸浇石膏浆液对板缝进行修补(图 5-17、图 5-18)。由于石膏板较脆,在修补和拼接时,应小心安放,防止受到外力撞击。

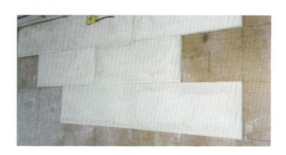

图 5-15 石膏板拼接(1)

图 5-16 石膏板拼接(2)

图 5-17　石膏板接缝处理(1)

图 5-18　石膏板接缝处理(2)

石膏板拼接时,要求拼接缝棱角分明,线条顺畅。

③模种(即拼接成型的石膏板)养护

石膏板拼接和修复成型后,在室温 20℃条件下进行养护 2～3d,待石膏板硬化后,再进行胶水浇筑。如图 5-19 所示。

图 5-19　模种养护

④模具制作

a. 模具胶水浇筑

施工工序:在模种表面喷洒脱模蜡(专业脱模剂)→覆盖模种的上木模→上木模固定→调配 A55 聚氨酯胶水→浇筑胶水→固化养护。

石膏板拼装成整体养护后,在整块模种板面上喷洒专业的脱模剂,然后将木模覆盖在模种上,并将木模固定,上下木模间直接密封,防止胶水渗漏。如图 5-20、图 5-21 所示。

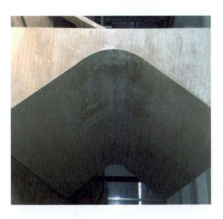

图 5-20　覆盖上木模

图 5-21　上木模固定

将 A55 聚氨酯胶水调配好,分装小桶内,然后将胶水沿着上木模板的预留孔洞灌入,胶水灌满后在室温 20℃进行养护 3～4d,待胶水完全固化(图 5-22)。

b. 模具拆除(脱模)、背部校平、修边

上模板拆除后,将胶板背部进行校平,然后将成型胶模板的边部进行修整,冲洗完成后送到立柱预制厂。如图 5-23、图 5-24 所示。

图 5-22　调配 A55 聚氨酯胶水

图 5-23　背部校平

图 5-24　锯边修整

(2)造型胶模板密贴钢模板

对造型胶模板用清水冲洗,然后将胶模板光面的一面密贴 PC 钢模板,凹凸面与随后浇筑的混凝土相接。如图 5-25、图 5-26 所示。

图 5-25　造型胶模板冲洗

图 5-26　胶模板与钢模板密贴

5)整体吊装钢筋骨架、预埋及固定连接器和钢板

对钢模板内侧板进行除锈处理后,采用专业的脱模油涂刷。然后吊装整体钢筋骨架。钢筋整体采用门式起重机吊装入模,入模后,安装侧面钢筋保护层垫块,每平方米放置 4 块,垫块采用与混凝土等强度的混凝土垫块,然后埋设连接器。连接器采用直径 32mm 的精轧螺纹钢筋,长度 25cm,中间抽空长 10cm,直径 8mm;同时对内孔壁进行车丝。底端穿孔焊接 12mm 的螺纹钢筋,长度为 30cm。如图 5-27、图 5-28 所示。

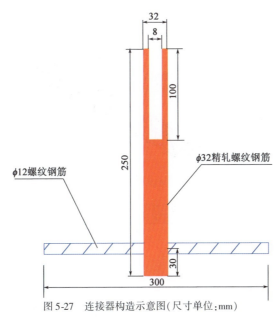

图 5-27 连接器构造示意图(尺寸单位:mm)

图 5-28 连接器

连接器预埋数量根据 PC 板构件大小确定,较大的 PC 板构件则均匀埋设 3 排,每排 5 个。连接器开口与混凝土表面平齐,底部钢筋与 PC 板构件钢筋焊接,在钢模板上设置型钢压挡,压挡上固定短的螺杆,每个螺杆与连接器对应,然后把螺杆拧进连接器螺纹孔并密封。如图 5-29~图 5-32 所示。

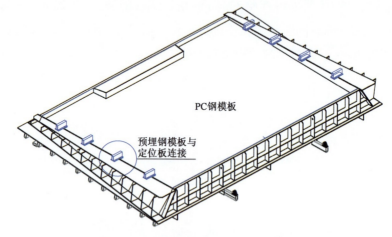

图 5-29　PC 板预制钢模板与定位钢板示意图

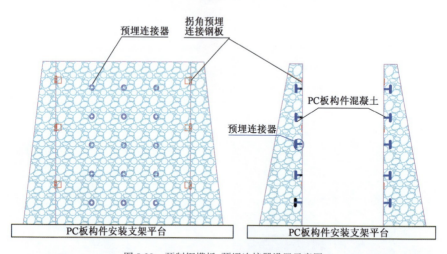

图 5-30　预制钢模板、预埋连接器设置示意图

预埋钢板采用 10cm×10cm、厚 1cm 的钢板,钢板的其中一面采用栓钉焊接 2 根直径 10mm 的螺纹钢筋,螺纹钢顶部弯成 45°(图 5-33)。钢板上打设 2 个孔,孔径为 18mm。预埋钢板的钢筋与 PC 板构件钢筋焊接,表面与混

凝土表面平齐。每块 PC 板设置 6 块预埋钢板，每边均匀布置 3 块。

图 5-31　连接器对应螺杆

图 5-32　预埋连接器与固定螺杆连接

图 5-33　预埋钢板

在钢模板上固定∏形型钢,型钢上打设4个孔,其中2个孔与钢模板采用螺栓连接,另外2个孔与预埋钢板采用螺栓连接,从而固定预埋钢板。如图5-34、图5-35所示。

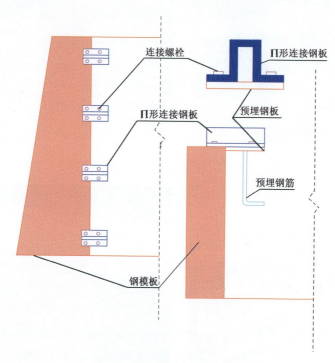

图5-34　预埋钢板∏形型钢连接示意图

图5-35　预埋钢板固定

6)浇筑 PC 板构件混凝土、养护

先采用喷雾器对造型模板进行湿润,然后采用泵送方式浇筑高性能混凝土。混凝土表面与预埋连接器齐平。混凝土浇筑完成后,对其表面收光、抹平,然后采用土工布覆盖养护。如图 5-36 所示。

图 5-36　混凝土浇筑

7)脱模

混凝土养护 2d 后,拧松压挡与连接器之间的螺杆,拆除压挡型钢。然后拧松侧模板与底模板的连接螺栓,拆除钢模板边板。如图 5-37 所示。

图 5-37　PC 板构件混凝土脱模

8)PC 板构件吊运堆放

(1)安装辅助吊具

造型 PC 板构件起吊采用 L 形型钢吊具,靠近混凝土面开设 6 个槽口,并且与预埋连接器口一一对应,采用螺栓将型钢和连接器螺栓连接。型钢竖向开设4个吊点口,吊点口位置焊接一块1cm厚的钢板,以增加吊点的受力。如图5-38、图5-39所示。

图5-38 PC板构件吊具安装

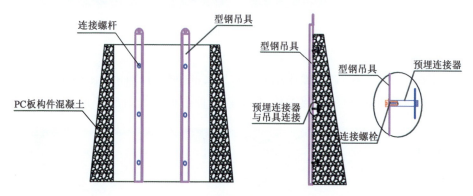

图5-39 PC板构件吊具安装示意图

(2)吊运堆放

采用4个锁扣穿过型钢吊点,然后与4根钢丝绳连接,采用门式起重机把PC板构件慢慢吊起,平放到汽车上,然后运送到堆放处。如图5-40所示。

2.造型立柱预制

造型立柱预制施工工艺流程,如图5-41所示。

1)制作预留钢筋定位板

根据设计图纸立柱内芯的尺寸,制作一个定位板,在预留钢筋的位置进行精确打孔,孔径为5cm。在制作立柱钢筋定位板的同时,制作承台预埋套筒定位框架。定位板和定位框架叠起来打孔,孔洞应一一对应,不得有丝毫偏差。如图5-42、图5-43所示。

图 5-40　PC 板构件起吊

2)制作钢筋加工胎架

根据钢筋设计图纸,采用槽钢制作钢筋加工胎架。胎架制作完成后,进行尺寸检查复核,确保钢筋位置偏差在5mm以内。如图5-44所示。

3)钢筋整体在胎架上加工成型

先把定位板固定,让预留主钢筋穿过定位板孔洞,然后定位到胎架上,最后固定箍筋和架立钢筋。

箍筋与主筋采用绑扎或二氧化碳保护焊机点焊固定,使得预留主筋与其他钢筋加工成坚固整体。如图5-45所示。

4)拼装PC板构件

采用型钢制作 PC 板构件拼装平台,平台高 1.5m;长度比立柱底面长 1.5m;宽度比立柱底面宽 1.5m。中间内芯采用型钢设置孔槽。平台四周设置 1.5m 高的拆装式栏杆。如图5-46所示。

安装 PC 板构件吊具,采用门式起重机垂直吊起 PC 板构件,送到平台上,起吊的次序为:正面大块→侧面小块→正面大块→侧面小块;4 块 PC 板构件形成封闭的一周,内部空心。PC 板构件安装时采用仪器观测,以保证每块 PC 板构件垂直。如图5-47～图5-51所示。

四块PC板构件拼装完成后,在预留连接器孔内,拧进一端带螺纹、一端带弯钩、直径为18mm的螺纹钢筋。弯钩与法兰螺杆连接。相对的两块PC板构件,中间采用3道法兰螺杆拉紧。如图5-52所示。

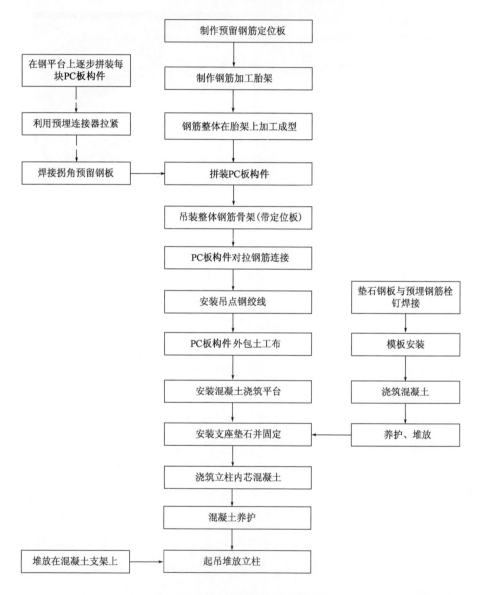

图5-41　造型立柱预制施工工艺流程图

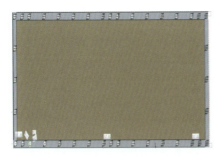

图 5-42 立柱预留钢筋定位板

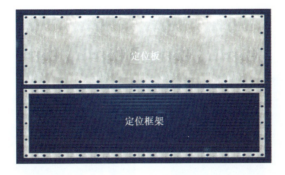

图 5-43 定位板与定位框架

图 5-44 立柱内芯制作钢筋加工胎架

四块 PC 板构件拉紧成型后,邻近的 2 块 PC 板构件各自进行拐角预留钢板焊接。制作 L 形钢板,宽度为 10cm,每边长 10cm。对 L 形钢板与预留钢板进行满焊。12 块钢板焊接完成后,松开法兰螺杆,拧出拉杆钢筋。如图 5-53~图 5-58 所示。

图 5-45　钢筋加工

图 5-46　PC 板构件拼装平台

图 5-47　PC 板构件拼装(1)　　　　图 5-48　PC 板构件拼装(2)

图 5-49　PC 板构件拼装(3)

图 5-50　PC 板构件拼装(4)

图 5-51　PC 板构件拼装完成

图 5-52　法兰螺杆对拉

图 5-53　L 形钢板

图 5-54　L 形钢板焊接

图 5-55　预埋钢板焊接

图 5-56　钢板焊接和螺杆对拉完成

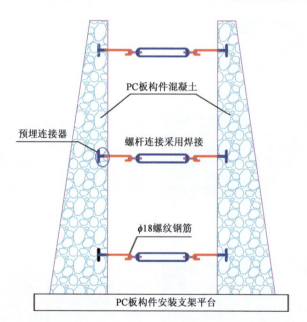
图 5-57　拼装临时固定(法兰螺杆)示意图

5)吊装整体钢筋骨架(带定位板)

采用门式起重机,将胎架上加工完成的立柱内芯钢筋骨架(带定位板),整体吊入拼装好的 PC 板构件内。定位板与平台面密贴,预留钢筋穿过平台预留孔槽。如图 5-59、图 5-60 所示。

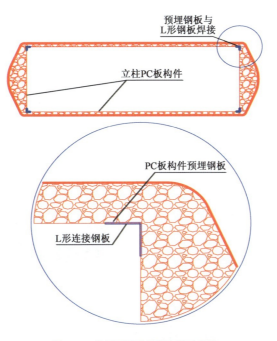

图 5-58　钢板预埋及焊接连接示意图

图 5-59　整体钢筋吊装

图 5-60　预留钢筋穿过底模

6）PC 板构件对拉钢筋连接

内芯钢筋骨架安装完成后,把相对的 PC 板构件预留连接器采用一端带螺纹的连接钢筋拧紧,连接钢筋另外一端相互焊接。焊接采用二氧化碳气体保护单面焊,焊接长度为 10 倍钢筋直径以上。把预留的 3 排 15 个连接器全部用直径为 18mm 的螺纹钢筋焊接完成后,进行顶端加密钢筋施工。如图 5-61 所示。

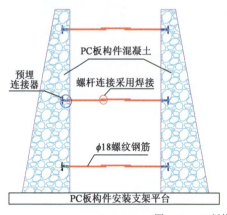

图 5-61 PC 板构件对拉钢筋连接

7)安装吊点钢绞线

钢筋安装完成后,进行立柱吊点钢绞线安装。每个吊点采用 3 股钢绞线组成,每个立柱设置 4 个吊点。吊点钢绞线长 1.0m,底端采用 P 锚。吊点钢绞线顶端弯曲区设置镀锌套管。埋入混凝土内的吊点钢绞线与立柱内钢筋绑扎加固。如图 5-62、图 5-63 所示。

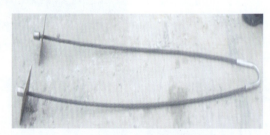

图 5-62 吊点钢绞线

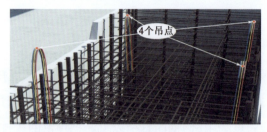

图 5-63 吊点布置

8) PC 板构件外包土工布、安装混凝土浇筑平台

PC 板构件既是预制立柱构件结构的一部分，又是立柱内芯混凝土浇筑的外模。先用干净的土工布把整个立柱造型 PC 板构件外周全部进行包裹，防止浇筑混凝土时污染立柱 PC 板构件的外观(图 5-64)。

为保证施工人员的安全和满足施工操作需要，在拼装完成的 PC 板构件上安装混凝土浇筑平台(图 5-65)。平台边缘与 PC 板构件外边相距 80cm，平台护栏高 1.2m。采用厂内门式起重机吊装混凝土浇筑平台，平台下口卡在 PC 板构件上，卡扣位置用橡胶皮进行包裹。

图 5-64　PC 板构件土工布包裹　　　　图 5-65　吊装浇筑混凝土平台

9) 安装支座垫石并固定

按照设计图纸，先下料支座垫石钢板，钢板厚 1.6cm，长 101cm，宽 101cm。然后采用栓钉焊接 7 排直径 16mm 的螺纹钢筋，每排 7 根，共 49 根，长度 40cm。最后立模浇筑支座垫石混凝土，混凝土厚 20cm，混凝土中心预留 2 根 PVC 管，直径 18mm。混凝土浇筑完成后，覆盖养护。如图 5-66 所示。

在立柱顶部吊装型钢施工平台和固定支座垫石所用的型钢支架，然后用门式起重机吊装支座垫石。如图 5-67 所示。

支座垫石固定，采用 2 根直径 16mm 的螺纹钢穿过垫石混凝土预留的 PVC 管，螺纹钢筋与施工平台采用法兰螺杆连接，并保证支座垫石顶面钢板横坡度与桥梁横坡度一致，垫石高程与设计偏差值控制在 5mm 以内。如图 5-68～图 5-70 所示。

图 5-66 预制支座垫石

图 5-67 吊装支座垫石

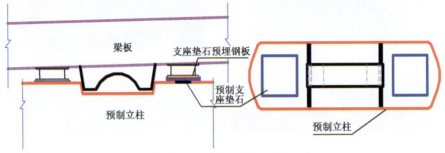
图 5-68 支座垫石位置示意图

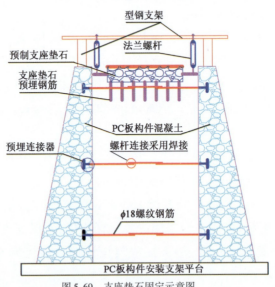
图 5-69 支座垫石固定示意图

图 5-70　支座垫石安装固定

10）浇筑立柱内芯混凝土

立柱采用高性能混凝土，用汽车泵泵送并分层浇筑，采用加长振捣棒振捣，一次性浇筑完成。如图 5-71 所示。

图 5-71　内芯混凝土浇筑

11）混凝土养护、起吊堆放立柱

混凝土浇筑完成后，用厂内门式起重机拆除浇筑平台。用土工布包裹立柱，洒水养护。如图 5-72 所示。

立柱养护 7d 后，用 1500kN 门式起重机拴住 4 个吊点，缓慢吊起立柱，将立柱吊到运输车上，然后运输至立柱堆放区域。如图 5-73 所示。

立柱堆放区应先进行地坪整平，浇筑地坪混凝土，然后浇筑 1.5m 高的混凝土预制垫块。随后将预制完成的立柱架设在混凝土预制垫块上进行堆放。如图 5-74 所示。

图 5-72 混凝土养护

图 5-73 立柱起吊

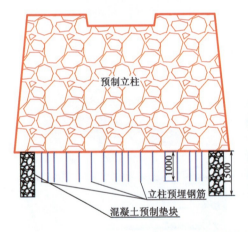

图 5-74 立柱临时堆放(尺寸单位:mm)

(二) 立柱运输

立柱运输前,应探明运输路线,主要是运输路线上的道路桥梁能否安全使用,是否有限高桥梁等。立柱采用竖向装车运输。采用厂内门式起重机将立柱起吊装车。装车过程中,为保证立柱下端预埋钢筋不受损伤,应事先在车上搭设 1.5m 高的支架。装车后的立柱采用捆绑带与车厢进行捆绑。如图 5-75 所示。

图 5-75　立柱起吊运输

(三) 立柱拼装

立柱拼装施工工艺流程,如图 5-76 所示。

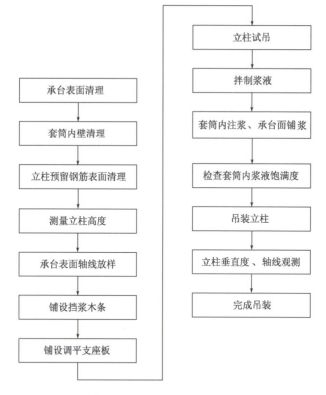

图 5-76　立柱拼装施工工艺流程图

1. 承台表面清理

清理流程：清理承台表面凿毛→冲水清理尘土→气泵吹净→吸尘器吸干净。

承台表面先采用电动凿毛机对表面混凝土浮浆进行凿除，直至露出集料，然后用高压水枪冲水将表面尘土清理，用气泵将表面水冲干净。最后用吸尘器将承台表面吸干净。如图5-77、图5-78所示。

图5-77　承台凿毛

图5-78　承台表面水枪冲洗

2. 套筒内壁清理

清理流程：高压水枪冲洗→钢丝刷刷内壁→抽取水和垃圾→气泵冲套筒→管道清洁度检查→管道深度复核。

用5kN高压水枪冲洗套管内壁；用加长钢丝刷清理套管内壁垃圾和锈迹；然后用吸尘器吸干套筒内脏水和脏物；再用高压气泵冲干净套筒。最后采用强光电筒检查套管内壁是否干净，如果未清理干净，继续清理，直到孔内壁无污染物为止。如图5-79、图5-80所示。

套筒深度测量：套筒清理完成后，采用直径4.5cm的钢棒插入孔内，直到孔底。然后拔除钢棒，测量插入深度，以保证套筒深度不小于1m。如图5-81所示。

3. 立柱预留钢筋表面清理

清理流程：钢丝刷刷表面锈迹→干毛巾擦干→砂轮机修平钢筋端头。

 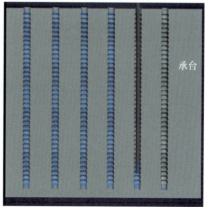

图 5-79　吸尘器清理套筒

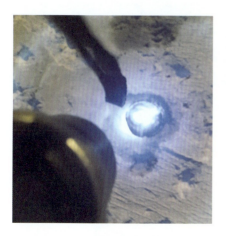 

图 5-80　强光检查孔清理情况　　　　图 5-81　检查套筒孔深

先用钢丝刷刷干净钢筋表面的锈迹及脏物；用毛巾擦干钢筋表面水；然后用砂轮机修平钢筋端头，并剔除毛刺，再在大型立柱顶端中心纵横两面喷写红色"十"字丝，用于吊装观测。

4. 测量立柱高度

立柱出厂前，应对立柱的高度和预埋钢筋长度进行测量，如果预埋钢筋过长，应采用砂轮机切割磨平。立柱顶端中央两侧喷涂"十"字红漆，以便安装时测量用。

5.承台表面轴线放样

按照设计图纸数据,对承台面纵横中心轴线进行放样,并弹画墨线。如图 5-82 所示。

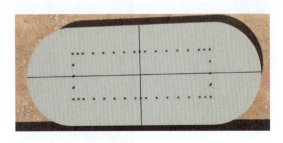

图 5-82　承台弹画墨线

6.铺设挡浆木条

在距离立柱和承台结合面边线 5cm 位置,弹画矩形墨线,在墨线边安装 5cm 高的挡浆木条。在放置挡浆木条的承台面打设膨胀螺栓,膨胀螺栓间距为 1m,挡浆木条宽 10cm。膨胀螺栓穿过木条嵌入承台混凝土,将挡浆木条固定在承台混凝土上。如图 5-83、图 5-84 所示。

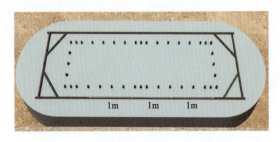

图 5-83　挡浆木条安装

在挡浆木条与承台间,安放密封橡胶条,防止浆液从承台和挡浆木条缝隙中溢出。

7.铺设调平支座板

根据立柱高度与设计高程设置调平支座板,大承台设置 6 块,小承台设置 4 块。调平支座板铺设完成后,再进行高程的精确测量,确保高程偏差值在 2mm 以内。如图 5-85 所示。

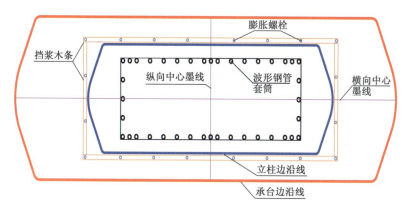

图 5-84 纵横墨线、挡浆木条、膨胀螺栓安装示意图

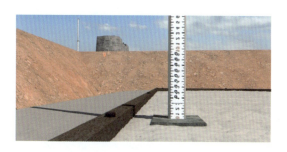

图 5-85 调平钢板安放和测量

8. 立柱试吊

1) 起重机选择及便道铺设

由于最重的立柱重量为 1500kN,根据立柱重量、起重机的性能以及现场情况,选择采用 2 台 2500kN 履带式起重机双机抬吊安装。

先把承台与承台之间空地整平,并在平整的场地上铺设建筑旧料或再生混凝土料,碾压平整。当地基条件差的,比如暗浜等时,应先进行换填处理;然后在起重机行走的位置铺设 2cm 厚的钢板或路基厢板。

2) 立柱试吊

立柱试吊的目的:第一,为了检查立柱预埋钢筋有多少能插入承台套筒内,一旦发生个别钢筋不能插入承台套筒内,应立即进行整修。第二,对正式吊装偏位预先调整,以减少正式吊装调整时间。立柱安装时间不得超过结合面浆液的凝固时间(即 30min)。

立柱的运输车行驶至承台边指定位置后,2台起重机钢丝绳锁扣各自分别扣住2个吊点,慢慢起吊立柱,同时转动起重机。当立柱与承台平行时,2台起重机慢慢同步行走到位,然后将立柱预埋钢筋对准套筒连接器开口缓慢下放,同时观看立柱预埋钢筋与套筒口位置是否吻合。一旦发现个别预埋钢筋位置与套筒口有误差,应采用大锤稍微敲动,确保立柱预埋钢筋深入套筒内。当立柱预埋钢筋全部伸进套筒时,慢慢减少起重机的吊力,下放立柱。如图5-86~图5-91所示。

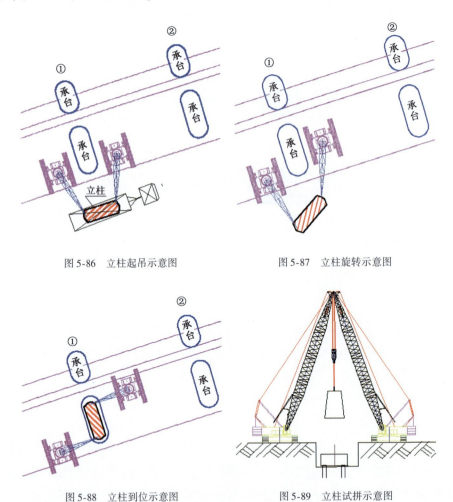

图5-86　立柱起吊示意图　　　　图5-87　立柱旋转示意图

图5-88　立柱到位示意图　　　　图5-89　立柱试拼示意图

第五章 第二种形式立柱预制拼装

图5-90 立柱试吊(1)

图5-91 立柱试吊(2)

3)立柱试吊观测

在立柱试吊时,用2台全站仪分别观测立柱纵横向偏位。当起重机吊力卸至200kN后开始进行观测。承台纵横向中心墨线与立柱顶端红色十字丝吻合偏差在5mm以内时,开始慢慢放松起重机的吊力,如果纵横向偏差大于5mm,则轻微移动起重机进行调整,直到偏差在5mm以内后再放松起重机的吊力,直到起重机的吊力为零,全部松钩。试吊完成后,将立柱吊起移位,准备浆液拌制。如图5-92~图5-94所示。

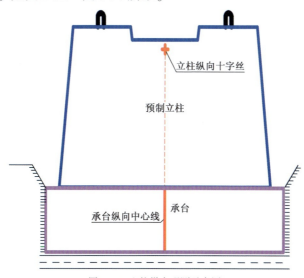

图5-92 立柱纵向观测示意图

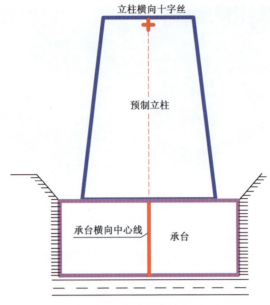

图 5-93　立柱横向观测示意图

图 5-94　立柱试吊整体偏位观测

9. 拌制浆液

浆液拌制之前,提前 1d 对所用的浆料进行试验抽检,试块 1d 强度大于或等于 35MPa 方可使用。

浆料采用行星式拌浆机进行搅拌。对于强度 100MPa 的灌浆料,每次拌和用量应不大于 $0.3m^3$(图 5-95、图 5-96)。

浆液拌和流程:浆料出库检查→分包称重→总重计算→根据浆料总重配置自来水(称重)→拌和→出料→流动度试验→制作试块→贴好标签。

先将称重好的浆料分包倒入拌浆机内,然后将分桶称重好的水倒入拌浆机内,开启拌浆机,搅拌完成后,将浆料流入料斗,运送到施工承台位置。

图 5-95　拌浆机

图 5-96　料斗

拌和注意事项:

(1)浆料入库前,应对每包料进行检查,包装袋口密封不严,表面潮湿的浆料不得入库。每批浆料分开堆放。

(2)浆料盛放在集装箱内,分批堆放。下垫上盖,并保持仓库的干燥,防止浆料受潮。

(3)浆料使用前,应对每包出库料进行检查,包装袋受潮的料不得开封施工,退回仓库。

(4)每包料称重后进行记录,然后倒入拌浆机料斗。料重 = 毛重 – 包装袋重。

(5)对一次拌和的浆料进行质量累加。

(6)根据天气情况,进行加水质量配置。一般情况下加水质量为浆料总质量的 12%。不利天气下加水 15%。水一次性称重后,记录水的质量,然后倒入拌浆机内。

(7)开启拌浆机,正常转动 1min,然后快速搅拌 3min 以上。

(8)把拌和好的浆液倒入盛浆容器内。

(9)提取浆液做浆液流动度试验。

（10）制作浆液试块，包括：1d、3d、5d、7d、28d 强度试块。其中，28d 做 3 组，其余各做一组。

（11）各组试块贴好标签，然后放进标准养护室进行养护。

浆液必须满足技术指标要求，如表 5-1 所示。

浆液技术指标　　　　　　　表 5-1

检测项目		性能指标
流动度（mm）	初始值	≥300
	30min	≥260
抗压强度（MPa）	1d	≥35
	3d	≥60
	28d	≥100

10. 套筒内注浆、承台面铺浆

试吊完成后，对承台结合面洒水湿润。由于浆液凝固时间控制在 30min 内，所以，浆液拌制、运输、灌浆和铺浆工作应紧凑、协调。前场铺浆和后场拌和要固定人员和分工。浆液运输距离不宜过远。

盛满浆液的料斗运到现场后，立即打开料斗口将浆液倒入承台挡浆框内，然后对套筒和承台结合面进行灌浆和铺浆。先进行套筒内灌浆，套筒内浆液采用专用钢棒捣实，并检查密实度。然后用工具将承台结合面浆液扒平，承台面铺浆厚度不得少于 2cm。如图 5-97~图 5-100 所示。

图 5-97　料斗灌浆

图 5-98　铺浆（1）

图5-99　铺浆(2)　　　　　　图5-100　铺浆完成

11. 检查套筒内浆液饱满度

套筒内浆液采用钢棒来回抽拔3次捣实。用钢棒插入套筒内,观看钢棒表面浆液的稠度和长度(图5-101)。如果整个钢棒表面全部覆盖稠密的浆液,说明套筒内浆液密实。

图5-101　铺浆、灌浆捣实及检查

12. 吊装立柱

浆液铺设完成后,起重机将立柱慢慢吊到承台结合面位置。预埋钢筋顺着套筒慢慢深入,当起重机吊力卸至200kN时,停止下放,开始观测立柱偏位。如图5-102所示。

13. 立柱垂直度、轴线观测

观测方法同立柱试吊。

14. 完成吊装

当立柱偏位在5mm以内后,起重机吊力卸载到零,浆液从承台与立柱结合面翻浆后,松开起重机吊钩,立柱吊装完成,如图 5-103、图 5-104 所示。如果浆液不能从结合面翻出,表明挡浆木条与立柱之间空隙浆液不饱满,则需要再拌制浆液,重新吊装立柱。

图 5-102　立柱吊装

图 5-103　吊装完成(1)　　　　　图 5-104　吊装完成(2)

施工注意要点:

(1)立柱钢筋定位板制作应保证精度,并且和承台预埋套筒配套。

(2)制作垫石安装,高程偏差值不得超过 5mm,横坡度与设计一致。

(3)预埋钢筋间距和长度偏差值必须控制好,不得超过 5mm。

(4)立柱试吊和吊装时,纵横向偏差值小于 5mm。

第六章　盖梁预制拼装

一、施工原理

在盖梁加工预制施工中,预埋与已预制完成的造型立柱柱顶 ϕ40mm 主筋相应根数、间距,长度为 1.2m 的波纹钢管套筒连接器。待造型立柱吊装完毕后,将预制好的相应规格盖梁运输至施工现场。在立柱顶、盖梁底预留套筒位置交接面铺设 60MPa 的高强度浆料,在盖梁波形钢管内填充 100MPa 的高强度浆料,然后采用大型起重机将盖梁吊起,让造型立柱预留的 1.2m 长 ϕ40mm 钢筋插入盖梁波形钢管连接器内。调整盖梁纵横向偏位,然后放下盖梁,让其与立柱顶面紧密结合,如图 6-1 ~ 图 6-4 所示。

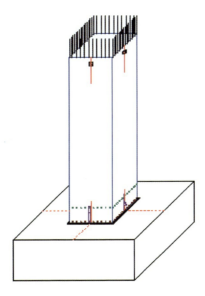

图 6-1　拼装完成的立柱示意图

图6-2 厂内预制完成的盖梁示意图

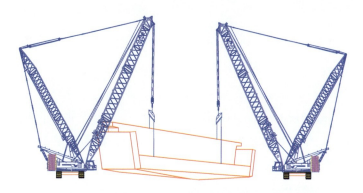

图6-3 盖梁现场拼装起吊示意图

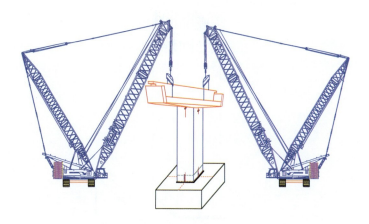

图6-4 预制盖梁拼装示意图

二、施工工艺流程

盖梁预制拼装的施工工艺流程:盖梁预制→盖梁运输→盖梁现场拼装。

三、操作要点

(一) 盖梁预制

盖梁预制分成 4 部分完成。

第一部分:内挡块预制安装。在盖梁钢筋骨架施工时,将预制完成的混凝土内挡块定位安装到钢筋骨架上。

第二部分:外挡板预制安装。在盖梁立模板施工时,将预制完成的外挡板安装到盖梁两端,作为盖梁的端模板。

第三部分:盖梁主体(第一次)混凝土浇筑施工,如图 6-5 所示。

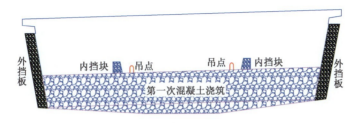

图 6-5　第一次混凝土浇筑示意图

第四部分:脊骨梁(第二次)混凝土浇筑施工,如图 6-6 所示。

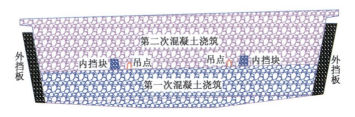

图 6-6　第二次混凝土浇筑示意图

盖梁预制流程如图 6-7 所示。

1. 加工区域布置

盖梁钢筋加工制作应在标准化工厂内进行,整体布局分为:钢筋加工区、钢筋笼临时堆放区、钢筋笼入模合模区、浇筑区和成品堆放区。原则上,5 区应依次布置,形成流水作业互不影响,并且在堆放区留有装车空间和运输通道。加工厂大小应满足施工进度需要,且满足安全操作规范要求。

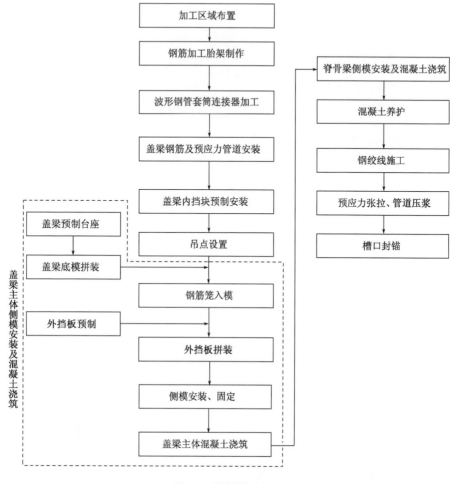

图 6-7　盖梁预制流程图

2. 钢筋加工胎架制作

盖梁钢筋加工胎架由套筒底框架、支架、挂片及定位架组成，如图 6-8、图 6-9 所示。钢筋加工胎架在拼装前，应对胎架的各个部件进行验收复测，尤其是波形钢管套筒连接器位置需精确测量。拼装过程中，要求胎架底座安装呈水平，精度控制在 ±2mm 内。各支架安装要求呈垂直，精度控制在 ±2mm 内。胎架安装完成后，对各支架进行整体测量，保证每个支架在同一条线上，防止主筋安装时产生弯扭。

第六章 盖梁预制拼装

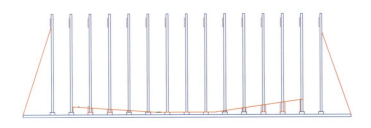

图6-8 盖梁钢筋加工胎架示意图

3．波形钢管套筒连接器加工

1）定位框架加工

定位框架同立柱定位板、承台定位框架等一起加工，由同一个厂家制作。定位框架打孔位置、数量、间距与设计图纸预埋钢筋的位置、数量、间距相对应。孔间距偏差值小于2mm。

2）波形钢管套筒加工

在平整的地面上铺设型钢，型钢上安放定位框架，然后竖向安装波形钢管套筒，套筒内径为70mm，长1.2m（为预

图6-9 钢筋加工胎架

埋钢筋直径40mm的30倍）。再在套筒顶端安放第二个定位框架，调整套筒的间距和垂直度并达到要求后，在套筒上、下端各20cm位置内侧焊接角钢，将所有套筒与角钢焊接成一个固定体。金属波纹管调整垂直后，用箍筋和拉筋将所有套筒焊接成型。最后，拆除上、下端定位框架，用固定的铁皮盖密封住套筒上口，将整体套筒骨架吊运至堆放处。

安装进、出浆管。进、出浆管采用 ϕ12.7mm 弯头白铁管，其具备强度高、延性好的特点。进浆管布置在下层，出浆管布置在上层，进浆管和出浆管应上下对称布置，如图6-10所示。

3）波形钢管套筒安装

在钢筋加工胎架上固定套筒位置定位板，在定位板四角套筒位置各安装

图 6-10　波形钢管套筒

一个底塞,并对定位框架的位置和套筒安装点位置进行精确复核,偏差值不得超过 2mm。然后用厂内门式起重机将整体套筒骨架吊装到定位框架上,将四角 4 个套筒沿着底塞慢慢放下,让底塞插入套筒,然后拧紧底端螺母,如图 6-11～图 6-14 所示。

安装完成后,每一根波纹钢管套筒均使用靠尺检测其垂直度,以保证每一根波纹钢管套筒均垂直于底模板。

图 6-11　定位板底塞

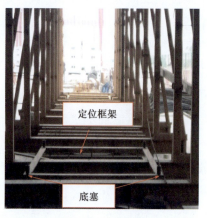

图 6-12　定位框架

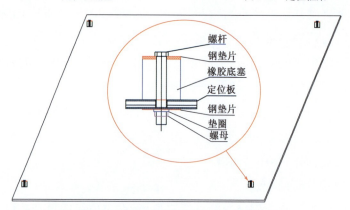

图 6-13　盖梁套筒定位板及底塞细部示意图

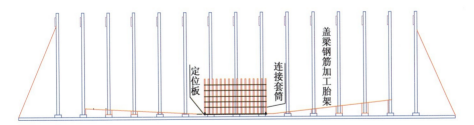

图 6-14 连接套筒在胎架定位板固定示意图

在套筒骨架安装前,为了便于调整套筒的位置和垂直度,箍筋安装数量宜少,间距宜大。因此,当套筒在钢筋胎架上精确定位后,即可安装进、出浆口止浆塞,并加密套筒箍筋,如图 6-15～图 6-18 所示。

图 6-15 套筒连接器定位

图 6-16 出浆口止浆塞

图 6-17 进浆口止浆塞

图 6-18 套筒连接器箍筋加密

波纹钢管套筒底端与定位板的交接处,应使用玻璃胶密封,防止随后混凝土浇筑时水泥浆进入套筒内,阻塞套筒灌压浆。

4. 盖梁钢筋及预应力管道安装

1)钢筋下料弯曲

为保证钢筋加工的精确度和控制钢筋定位偏差值在 5mm 以内,所有钢筋下料弯曲均采用智能化的大型数控机床加工。下料好的半成品钢筋应进行标识、整齐码放,如图 6-19、图 6-20 所示。

图 6-19 数控机床

图 6-20 半成品码放

2)钢筋安装

盖梁采用倒 T 形,上面一段为盖梁脊骨梁。波纹钢管套筒安装完成后,绑扎盖梁钢筋。盖梁钢筋安装时,应注意避开波纹钢管套筒,不得对其位置造成扰动,以免影响套筒的精确位置,造成随后盖梁拼装与立柱预埋钢筋错位。

钢筋安装顺序:盖梁顶部、脊骨梁顶部主筋→脊骨梁端头箍筋→盖梁箍筋→盖梁底部主筋→脊骨梁剩余箍筋。

钢筋加工时,应做到主筋位置精确、顺直,箍筋位置精确、间距均匀,焊接符合相关规范要求,绑扎牢固,扎丝内弯。钢筋的间距偏差严格控制在 5mm 以内,如图 6-21、图 6-22 所示。

图 6-21　钢筋加工(1)　　　　图 6-22　钢筋加工(2)

3)预应力管道安装

在盖梁钢筋骨架内,安装金属波纹管作为预应力管道,如图 6-23、图 6-24 所示。先按照设计图纸所示管道坐标位置进行定点,每点间距 50cm;然后按照定点位置穿设波纹管,在每个定点位置设置框架固定波纹管。安装完成后,对管道进行坐标复测,偏差值控制在 5mm 以内。当波纹管位置与钢筋位置相碰撞时,适度调整钢筋位置,确保波纹管的线形,以减少预应力损失。

图 6-23　预应力管道安装(1)　　　　图 6-24　预应力管道安装(2)

预应力管道安装过程中,应严格控制端头槽口位置处及起伏点处的管道坐标,按图纸要求进行定点、定位,并严格控制管与管的中心间距。预应力束采用钢绞线后穿法,避免浇筑过程中混凝土浆对钢绞线的影响。

4)钢筋骨架吊运堆放

盖梁钢筋骨架(包括波形钢管套筒、预应力管道)加工完成后,采用厂内门式起重机将钢筋骨架吊起,运输到指定堆放区域。钢筋骨架采用垫块垫高。在堆放区域进行吊点、内挡块等附属安装。

5.盖梁内挡块预制安装

单片盖梁宽12.5m,设计为架设4片梁板,两片中梁的边各设置一个内挡块。内挡块采用预制安装的方式。在盖梁整体钢筋制作时,把预制内挡块安装在钢筋骨架上。

1)内挡块预制

内挡块钢筋骨架制作:按照设计图纸,进行内挡块钢筋骨架制作;制作成型的钢筋骨架应整齐堆放。

内挡块混凝土模板:按照设计图纸,进行钢模板加工,由于内挡块体积较小,一次性可以进行多块混凝土浇筑,故采用条形钢模板,中间用隔板隔开,如图6-25、图6-26所示。

图6-25　内挡块模板　　　　图6-26　内挡块钢筋安装

内挡块混凝土浇筑:采用高性能混凝土浇筑,混凝土强度与盖梁强度一致。为了便于内挡块的吊装,应在混凝土浇筑前安装钢筋吊点;混凝土浇筑完成后,进行养护、拆模和临时堆放,如图6-27、图6-28所示。

图 6-27 内挡块混凝土浇筑

图 6-28 内挡块混凝土成型

2）内挡块安装

采用厂内门式起重机将预制好的内挡块吊运到盖梁钢筋骨架上，内挡块预留插入盖梁钢筋骨架内的钢筋，然后按照设计图纸的位置测量定位，然后将插入钢筋和盖梁钢筋进行焊接。挡块安装前，对挡块位置按照图纸要求进行定点，对与其相冲突的箍筋进行适当调整，避免挡块偏位或箍筋隔断情况出现，如图 6-29、图 6-30 所示。

图 6-29 内挡块测量定位

图 6-30 内挡块安装

6. 吊点设置

吊点设置位置须满足盖梁吊装或运转过程中平稳，且承重必须满足吊装要求。盖梁重 1800kN，吊具重 60kN，总计 1860kN。设置 4 个吊点，每个吊点由 4 股钢绞线组成,共计 16 股钢绞线。每股钢绞线吊点吊力为 116.25kN。吊点钢绞线采用抗拉强度标准值为 1860MPa 的高强低松弛钢绞线,直径 $\phi^s = 15.2\text{mm}$,$E_p = 1.95 \times 10^5 \text{MPa}$,有效截面积 140mm²,单股可承重 260.4kN,安全系数达 2.24。吊点布置在内挡块内侧 30cm 位置,吊点安装位置需经设计人员认可,如图 6-31 所示。

吊点上端采用镀锌套管作为吊拉接触点,埋入混凝土长度 1.1m,下端采用相应规格型号的 P 锚进行锚固,利用预应力 P 锚的施工工艺来发挥钢绞线的特殊性能,如图 6-32 所示。

图 6-31 吊点定位测量　　　　图 6-32 吊点安装

加工成型的盖梁钢筋骨架如图 6-33 所示。

图 6-33 加工成型的盖梁钢筋骨架

7. 外挡板预制

盖梁外挡板采用单独预制加工拼装施工工艺,与传统现场加工工艺相比,在保证外观质量的同时,也能较好地对盖梁端头易存在质量问题的工艺进行控制。

外挡板预制拼装的工艺流程为:外挡板钢筋加工→锚具槽口安装→吊环设置→混凝土浇筑→混凝土养护、凿毛。

1)外挡板钢筋加工

按照设计图纸对外挡板钢筋进行加工,并且预留插入盖梁主体钢筋骨架部分的钢筋,预留位置按照设计图纸执行,预留长度按照钢筋焊接规范要求执行,保证焊接长度。钢筋绑扎时,挡板上、下端主筋采用2根主筋固定成束,方便挡板吊装时与盖梁主筋对应焊接连接固定,在保证固定牢固的同时,也能很好地保护主筋位置不产生移位变动,如图6-34、图6-35所示。

图6-34　钢筋加工　　　　图6-35　钢筋成型

2)锚具槽口安装

张拉锚具采用混凝土表面内陷式,在锚具外套一个塑料套管,套管与锚具之间用密封胶封闭,以防止混凝土施工时浆液溢出(图6-36、图6-37)。外挡板钢筋加工入模后,在锚具槽口位置安装螺旋钢筋,将锚具槽口固定安装在螺旋钢筋上。

3)吊环设置

为了方便外挡板拼装时的起吊,在外挡板侧面混凝土内安装4个$\phi50mm$螺母,每个侧面2个,螺母内壁车丝与螺栓配套,外口与钢模板平齐。待浇筑完成拆模后,将带有螺纹的吊环拧紧,作为外挡板拼装的吊点;挡板拼装到位后将吊环退出,作为后续与侧模拼装的螺栓孔,如图 6-38、图 6-39 所示。

图 6-36 锚具加工(1)

图 6-37 锚具加工(2)

图 6-38 预埋吊点螺母

图 6-39 吊环

4)混凝土浇筑

钢筋、锚具、吊环预埋件等安装完成后,进行钢模板安装,然后浇筑高性能混凝土,收光、抹平,如图 6-40 所示。

5)混凝土养护、凿毛

外挡板混凝土达到一定强度后,拆除钢模板,进行洒水养护。对于外挡板与盖梁主体结合面处的混凝土,采用专用的手持型凿毛器进行凿毛,凿除混凝土表面浆液,露出集料。手持型凿毛器操作方便,能较好地达到凿毛效果,提高凿毛效率和凿毛质量,如图6-41~图6-43所示。

图6-40 混凝土浇筑

图6-41 混凝土洒水养护

图6-42 手持式凿毛器

图6-43 混凝土凿毛

8.盖梁主体侧模安装及混凝土浇筑

盖梁模板安装及混凝土浇筑分两次完成,第一次进行主体侧模安装及混凝土浇筑,第二次进行脊骨梁侧模安装及混凝土浇筑。

1)盖梁预制台座

台座地基需先进行处理,应具有足够的承载力,地基的沉降变形应满足盖梁预制的要求。地基处理可采用打桩和浇筑基础混凝土相结合的方式。预制场地设置盖梁预制台座,台座采用矩形混凝土台座,台座高0.3m,台座平面尺寸应满足每种规格型号的盖梁制作要求,台座顶面平整度应满足模板拼装要求,如图6-44所示。

在混凝土台座上设置2排L形定位钢挡板,挡板的长度和盖梁长度一致,挡板间距为盖梁宽度和两边侧模板底部型钢宽度之和。挡板与基础混凝土之间采用膨胀螺栓固定,如图6-45所示。

图6-44　盖梁预制台座

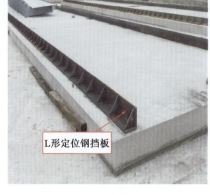

图6-45　台座定位钢挡板

2)盖梁主体模板拼装

盖梁主体模板拼装流程:盖梁底模拼装→钢筋笼入模→外挡板拼装→侧模安装、固定。

(1)盖梁底模拼装

底模拼装分两步进行,先进行平直段(即套筒位置)就位固定,再进行两端斜角底模拼装。

盖梁底模采用组合钢模板,钢模面板采用8mm厚的优质钢板,表面无锈迹、压痕等缺陷;模板必须经过工程部、安质部等部门验收合格后方可进场,从源头上保证外观质量。钢模板制作时的偏差,板面和板侧挠度允许偏差为±1mm,板面平整度控制在1.0mm。

对模板表面进行除锈、打磨抛光,其打磨标准是手感光滑、无波浪感觉,达到镜面效果为止。模板表面处理重在去除浮锈、油污、蜡质及尘土。

模板打磨完成后涂抹脱模剂,脱模剂可选用液压油或模板漆,严禁使用废机油。脱模剂要均匀涂刷,用量尽可能少,现油光即可。

盖梁底模分成三段,中间一段为平直段,两端为斜角段,如图 6-46 所示。平直段底模预留套筒定位板连接位置,两侧设置定位销孔洞,斜角段模板设置"阳头"。先将三段钢模板平放在台座上,然后将斜角段用门式起重机吊起慢慢移向平直段模板,模板"阳头"拼凑到平直段模板孔洞处,用定位销插入两段模板孔洞内,将其连接,如图 6-47、图 6-48 所示。

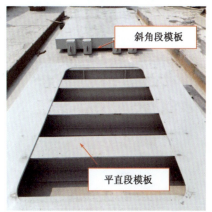

图 6-46　底模分段　　　　　　　图 6-47　底模拼装对接口

盖梁底模三段拼接完成后,先在平直端底模上固定套筒定位板,定位板与底模采用螺栓连接,定位板的四角处各安装一个底塞。然后在两个接缝处固定厚度为 8mm 的钢板,如图 6-49、图 6-50 所示。对底模进行测量检查,接缝处钢板表面和底模表面平整,平整度控制在 2mm 以内。对套筒定位板的位置进行测量,偏差值小于 2mm。

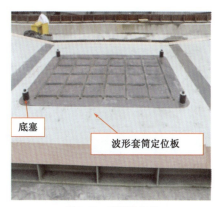

图 6-48　连接定位销　　　　　　图 6-49　套筒定位板

图 6-50　接缝处钢板

三段底模拼装完成,经检查合格后,将两段斜角底模板端头抬高,采用型钢固定,抬高高度按照设计图纸尺寸,偏差值控制在 5mm 以内。底模拼装完成后,对各段模板平直度、夹角进行检测复核,如图 6-51 所示。

图 6-51　安装完成的底模

（2）钢筋笼入模

底模拼装完成后,将钢筋笼吊装入模,钢筋笼吊运采用特定吊架及卸钩配合厂内门式起重机进行。在吊运过程中,要保持起重机匀速行进。钢筋笼吊放前,应对底模进行涂油处理,经技术员对底模拼接质量、套筒位置以及夹角大小检验合格后,方可按照所标边线安放,如图 6-52、图 6-53 所示。

图 6-52　钢筋笼吊运

图 6-53　底模清理涂油

钢筋笼入模前,应按照 4 块/m^2 设置要求,检查底模混凝土保护层垫块数量,如果不够则进行加设。同时,对连接套筒底部孔口和注浆管进行检查,除 4 个角的套筒外,孔口应进行密封处理;所有注浆管管口全部密封。钢筋笼入模时,在下放过程中要速度缓慢,让套筒连接器的 4 个角精确套入定位板的 4 个底塞,如图 6-54~图 6-58 所示。

图 6-54　钢筋笼加设底部垫块

图 6-55　底部套管、注浆管检查

图 6-56　底塞嵌入套筒

图 6-57　钢筋笼入模(1)

(3)外挡板拼装

外挡板既是盖梁结构的一部分,同时也作为盖梁预制的端头模板。

采用厂内门式起重机,将起吊链条勾住外挡板预留吊环,然后将外挡板吊运到拼装位置,缓慢下放外挡板,向盖梁钢筋骨架推进。外挡板底端与底模密贴到位后,卡住门式起重机,焊接外挡板预留钢筋和盖梁钢筋,并在挡板下面进行塞垫。预留钢筋和盖梁钢筋焊接完成后,检查外挡板的稳定性和角度尺寸,合格后拆除吊环、移走门式起重机,如图6-59、图6-60所示。

图6-58 钢筋笼入模(2)

图6-59 外挡板吊装

图6-60 外挡板焊接固定

(4)侧模安装、固定

钢筋就位且外挡板安装完成后,按照边线进行侧模吊装,侧模吊装到位后,将端头部位与已安装到位的两端外挡板进行螺栓固定,下角利用基座两边预埋的定位挡板和钢楔进行加固,在距上口50cm处采用高强度对拉螺杆将两侧模固定,上、下倒角采用木质三角条进行控制。

侧模端部固定:外挡板在预制时,上、下各预埋了一个连接器。外挡板拼装完成后,连接器上的吊环已经卸除。侧模端部上、下预留孔与外挡板连接器位置对应,采用螺栓拧紧固定,如图6-61、图6-62所示。

图6-61　端头底部与挡板螺栓固定　　　　图6-62　端头顶部与挡板螺栓固定

侧模底部固定:侧模固定主要依靠台座上预埋的L形角钢,在侧模底部加强型钢与预埋角钢之间打入钢楔,固定侧模底端,如图6-63所示。

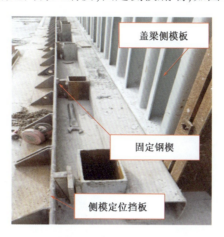

图6-63　侧模底部固定

模板安装好后,测量人员及技术人员应对其测量检查,使模板安装位置、垂直度等满足要求(图6-64)。模板安装时,要严格控制错台,接缝位置应贴上双面胶条,防止漏浆。

图6-64　侧模拼装完成

3)盖梁主体混凝土浇筑

盖梁主体采用高性能、高强度C60的自密实混凝土浇筑,扩展度要求不大于550mm(图6-65)。浇筑采用泵送或者吊斗进行,浇筑时严格按照高程线进行浇筑,如图6-66、图6-67所示。泵管或吊斗浇筑时,应注意对机械进行防护,减少对施工场地清洁的影响。

图6-65　混凝土扩展度测试

图6-66　混凝土泵送浇筑

为防止进、出浆管堵塞,盖梁主体混凝土浇筑完成后,应立即采用空压机对进浆管压水开塞,确保进、出浆管畅通。

混凝土浇筑之前,应在预应力波纹管内穿入塑料内衬管,如图 6-68 所示。

图 6-67　浇筑面高程控制

图 6-68　穿塑料内衬管

9.脊骨梁侧模安装及混凝土浇筑

1)脊骨梁侧模安装

在侧模加强型钢上预留螺孔,侧模底端和顶端采用对拉螺杆固定。盖梁主体混凝土浇筑完成后,在混凝土表面画出脊骨梁边缘线。在侧模安装前,对脊骨梁和盖梁主体结合面已浇筑混凝土进行凿毛处理,并进行清理。采用厂内门式起重机按照边缘线位置下放侧模(图 6-69)。侧模的端部与外挡板结合面、底部与已浇筑混凝土结合面,均粘贴密封胶,以防止混凝土浇筑时发生漏浆。侧模安装完成后,对脊骨梁宽度进行复测和检查,偏差控制在 5mm 以内;检查侧模上下对拉螺杆的松紧程度,确保混凝土浇筑时,侧模不发生移位和胀模。

2)脊骨梁混凝土浇筑

脊骨梁采用高性能、高强度 C60 自密实泵送混凝土进行浇筑。浇筑过程中,注意观察模板的变形,防止出现胀模现象,如图 6-70 所示。

图6-69 脊骨梁侧模安装

图6-70 脊骨梁混凝土浇筑

10.混凝土养护

采用洒水结合覆盖土工布方法进行混凝土养护,如图6-71、图6-72所示。养护时间不少于7d。

图6-71 盖梁养护(1)

图6-72 盖梁养护(2)

11.钢绞线施工

钢绞线采用后穿法施工。在混凝土浇筑前,预应力管道内穿入内衬管,待混凝土初凝后将内衬管拔出,然后对预应力管道进行清理、冲洗、吹干,再穿设钢绞线,如图6-73、图6-74所示。

图 6-73 拔出塑料内衬管

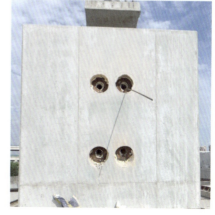
图 6-74 穿设钢绞线

钢绞线后穿法的优势:假如预应力管道内有渗浆、管道变形等状况发生,则可以在拔出内衬管后,对管道进行清理和处理,再穿设钢绞线,处理较方便。

12. 预应力张拉、管道压浆

1) 预应力张拉

预应力张拉采用智能张拉工艺,用张拉力、伸长量"双控"的办法进行监控,如图 6-75、图 6-76 所示。张拉时,应按先 $N2$ 再 $N1$ 的张拉顺序进行双端同时、同步张拉,张拉完 48h 内须进行孔道压浆。

图 6-75 智能张拉(1)

图 6-76 智能张拉(2)

张拉完成后,对端头钢绞线采用手持砂轮机进行切割,切割面距离外挡板面混凝土3~4cm。同时将露出锚具的钢绞线部分充填水泥砂浆,但不得阻塞压浆孔。

2) 管道压浆

采用串联式压浆方法,即采用内含钢丝的塑料胶管将管道串联,2~4束同时循环压浆(图6-77、图6-78)。压浆水灰比采用0.28,压浆料采用专用袋装压浆料,严格控制水、压浆料的用量进行拌制(图6-79、图6-80),以在确保

图6-77 循环压浆管

图6-78 压浆

图6-79 浆料称重

图6-80 浆料拌和

压浆饱满度的同时能提高压浆效率。待出浓浆后关闭出浆阀门,持荷 2~3min,然后密封压浆口、出浆口。

13. 槽口封锚

张拉锚具采用内陷式,在外挡板混凝土内设置张拉锚具槽口。槽口采用钢板法进行封锚。与传统混凝土封锚方法相比,该方法在密实性、外观质量方面都有较大的改观。

在张拉压浆完成后,将槽口内锚垫板端口上的螺母取掉,将同样大小的螺杆一端进行拧紧安装,另一端安装小木塞,木塞与外露螺杆连接。采用8mm 厚的特制圆形钢板将槽口全部密封,外露螺杆穿过圆形钢板,钢板外用螺母拧紧,钢板周围用泡沫胶密封。特制圆形钢板上设置出浆口、压浆口和两个螺杆孔。圆形钢板安装完成后,出浆口安装出浆管道。注浆完成后,拧下外露螺杆,拆除外封圆形钢板,填充螺杆孔洞。整个施工过程如图 6-81~图 6-84 所示。

图 6-81 安装螺杆

图 6-82 安装圆形钢板

(二)盖梁运输

采用厂内大型门式起重机配合吊架、钢丝绳、大型锁扣,将盖梁吊运到运输车上运送至施工现场进行盖梁、立柱拼装,如图 6-85 所示。钢丝绳采用 4

根直径52mm的双头钢丝绳,起吊重量为350kN,每个钢丝绳扣一个吊点。采用4个850kN级卸扣,如图6-86所示。

图6-83 钢板泡沫胶密封

图6-84 注浆

图6-85 盖梁起吊

图6-86 卸扣

采用多轴车运输盖梁,每轴承载力为150~200kN。盖梁两端按照设计图纸要求,采用枕木或钢垫块搁置,并且用绑带或绳索进行捆绑。为保证现场吊装方便,装车时应统一按照构件前低后高或者前高后低的方式进行装车,如图6-87所示。

运输道路选择:盖梁运输前,对运输道路上的桥梁限重、桥梁限高、道路状况和道路转弯处进行彻底调查。避开危桥、限重桥梁、限高桥梁和路况较差的路段。最好是夜间运输,以免影响道路车辆的通行速度。

运输前,必须和当地交警、路政联系好,并办理好相关手续。

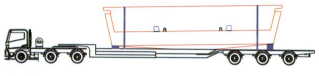

图 6-87　盖梁运输示意图

(三) 盖梁现场拼装

盖梁现场拼装流程如图 6-88 所示。

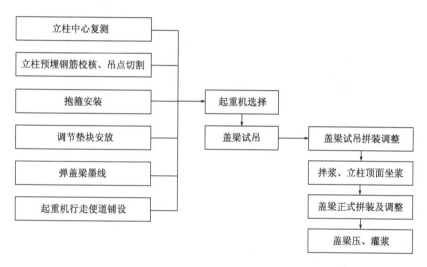

图 6-88　盖梁现场拼装流程图

1. 立柱中心复测

立柱拼装完成后,对立柱 4 个面的中心线进行复测并重新按照设计的中心线进行弹墨线。后续盖梁拼装时,按照新的中心墨线进行控制,避免盖梁拼装误差积累造成偏差值超过 5mm。

同时,对立柱顶高程进行复测,为立柱拼装时安装调节块提供数据。

2. 立柱预埋钢筋校核、吊点切割

在立柱运输或吊装过程中,柱顶钢筋有可能存在碰撞折弯现象,在吊装

前应对预埋钢筋进行调直,同时对预埋钢筋间距和位置进行测量复核。按照立柱预埋钢筋的间距、数量制作简易的定位板,定位板的孔洞直径和盖梁预埋套筒直径偏差控制在 2mm 以内。将定位板套入调整后的立柱预埋钢筋上,检查预埋钢筋的垂直度和间距,如图 6-89、图 6-90 所示。

图 6-89 定位板检查立柱钢筋(1)

图 6-90 定位板检查立柱钢筋(2)

割除立柱顶端吊点,用钢丝刷对预埋钢筋进行除锈处理,并将柱顶杂物清理干净,如图 6-91、图 6-92 所示。

图 6-91 切割吊点

图 6-92 钢筋除锈

3. 抱箍安装

为防止立柱顶面坐浆溢出,保证浆液的厚度,在立柱顶面安装抱箍,相当于挡浆模板。抱箍采用70mm×30mm的角钢制作,钢板厚3mm,尺寸大小和立柱断面尺寸一致,如图6-93所示。在抱箍的底端设置耳环,耳环采用条形孔,可以让抱箍上下移动,耳环与立柱面预埋连接器采用螺栓连接,抱箍高出立柱顶30mm,如图6-94所示。

图6-93　抱箍　　　　　　　　图6-94　抱箍安装

先将抱箍沿着立柱面安放,然后在立柱与抱箍结合面处安装橡胶条或其他密封条,再把抱箍之间的连接螺栓拧紧,最后在抱箍与立柱顶面相接处封涂泡沫胶,锁紧抱箍后检查其密封性。抱箍位置布置如图6-95所示。

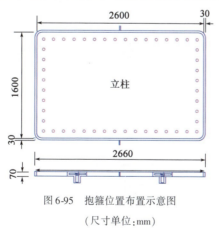

图6-95　抱箍位置布置示意图

(尺寸单位:mm)

4.调节垫块安放

立柱顶安放4个调节垫块,垫块厚2cm,平面尺寸20cm×20cm,分上下两层,下层为橡胶支座块,上层为钢板,通过调节钢板的厚度确保4个垫块在同一水平面上,并计算橡胶支座压缩量。

垫片安放位置距离立柱顶面长边30cm,距离短边20cm,如图6-96所示。安放到位后用水准仪测量垫片顶面高程,根据高程数据大小进行不同厚度的钢板安放;然后再测量钢板高程,与设计高程的偏差值控制在±5mm以内;最后用水平仪对钢板顶面进行找平,要求4块钢板顶面在同一平面内,如图6-97、图6-98所示。

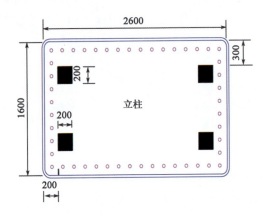

图6-96 调节垫块安放位置布置示意图(尺寸单位:mm)

图6-97 调节垫块安装位置测量

图6-98 调节垫块钢板顶面找平

5. 弹盖梁墨线

盖梁在出厂运输前,在预制厂内将3道墨线全部弹好。现场再弹第4道墨线,即从盖梁底部中心线延伸到外挡板底部为一个点,从脊骨梁中心线延伸到外挡板顶部为另一个点,两点连线即为第4道墨线位置。

6. 起重机行走便道铺设

1) 纵向便道

在盖梁投影线外浇筑宽8m的混凝土和宽2m的建筑旧料,作为盖梁运输和起重机纵向行走便道。在起重机行走的建筑旧料上铺设重型路基厢板。

2) 横向便道

在桥梁承台之间修筑起重机横向便道。先对承台间施工场地进行平整压实,地基差的地方应进行换填处理。对履带式起重机行走区域进行加固处理,加固宽度为14m,用压路机进行碾压。然后铺设重型路基厢板,每块路基厢板型号为6m×1.5m×0.3m。在有地下隐蔽工程(电缆、地沟、排水管线等)的地段,首先进行位置确认,然后进行处理。

7. 起重机选择

以S7公路为例,根据项目设计概况,盖梁重量最大约1800kN,吊具重量约60kN。吊装相对高度约13.0m。选定两台XGC2600kN履带式起重机,双机抬吊卸车、吊装。该起重机吊臂长选定为30m,最大作业半径为10m,额定起吊重量为1440kN。如表6-1所示。

XGC2600kN 履带式起重机性能参数(单位:kN)　　　表6-1

幅度(m)	臂长(m)						
	24	27	30	33	36	39	42
5.3	2600						
6	2320	2320	2320	2150			
7	2000	2000	2000	1990	1990	1820	1820
8	1750	1750	1800	1800	1800	1800	1790
9	1610	1600	1600	1600	1600	1600	1590
10	1450	1440	1440	1440	1440	1430	1420
11	1310	1310	1310	1310	1300	1300	1280

履带式起重机荷载验算及确定如下。

验算方法一　按履带式起重机带载行走时盖梁最大重量来验算。每端吊钩负载计算公式如下：

$$Q_{计} = \frac{(Q+q)/K_1}{2} \tag{6-1}$$

式中：Q——盖梁重量，$Q = 1800\text{kN}$；

　　　q——吊具重量，$q = 60\text{kN}$；

　　　K_1——带载行走时不均衡系数，$K_1 = 0.7$。

将数值代入式(6-1)中，计算得到每端吊钩负载 $Q_{计} = \frac{(Q+q)/K_1}{2} = \frac{(1800+60)/0.7}{2} = 1328.60\text{kN} < 1440\text{kN}$，符合现场吊装要求。

验算方法二　按履带式起重机抬吊时盖梁最大重量来验算。每端吊钩负载计算公式如下：

$$Q_{计} = \frac{(Q+q)/K_2}{2} \tag{6-2}$$

式中：K_2——抬吊时不均衡系数，$K_2 = 0.8$。

将数值代入式(6-2)中，计算得到每端吊钩负载 $Q_{计} = \frac{(Q+q)/K_2}{2} = \frac{(1800+60)/0.8}{2} = 1162.50\text{kN} < 1440\text{kN}$，符合现场吊装要求。

8. 盖梁试吊

盖梁试吊的目的：由于浆液的初凝时间控制在30min内，通过试吊调整，从而为后来的吊装减少调整时间，能保证吊装时间完全控制在30min内。

通常情况下，采用一台起重机在立柱左侧、另一台起重机在立柱右侧进行吊装。遇到河道或特殊情况，起重机不能停放时，两台起重机可在同侧进行吊装。

吊装时，为保证其安全性，应采用吊具配合。吊具上端设置2个吊孔，每个孔吊力为1500kN；下面设置多个小吊孔，每个小吊孔吊力为800kN，根据吊点的间距,调整吊孔,如图6-99所示。

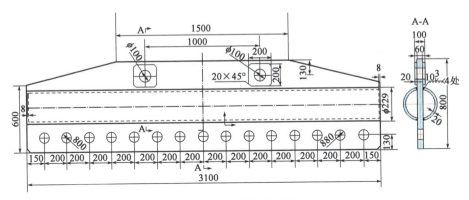

图6-99　辅助吊具示意图(尺寸单位:mm)

1)两台起重机分布在立柱两侧吊装

(1)先将盖梁运输车停靠在立柱侧面便道上,两台起重机分别采用吊具钢丝绳垂直扣住盖梁两端的两个吊点,将盖梁同步慢慢起吊,然后撤走运输车。如图6-100所示。

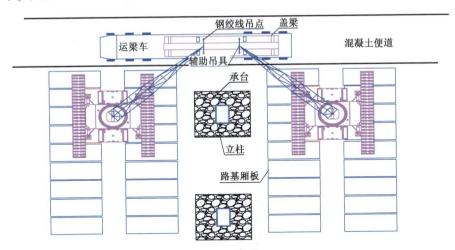

图6-100　起重机两侧拼装起吊示意图

(2)一台起重机一边后退,一边旋转。另一台起重机配合旋转,慢慢将盖梁吊起超过立柱高度。如图6-101所示。

(3)整个盖梁旋转90°后,对准立柱缓慢开始下放。当立柱预埋钢筋全部插入盖梁预埋套筒内时,分级卸力。当盖梁下放到位后,每台起重机预留

200kN吊力,然后进行盖梁坐标位置调整。如图6-102所示。

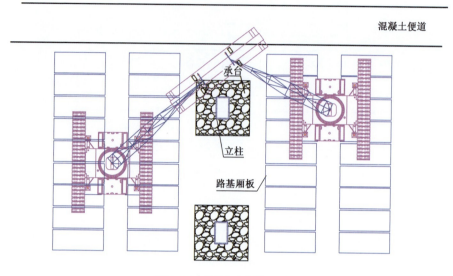

图6-101 盖梁空中旋转示意图

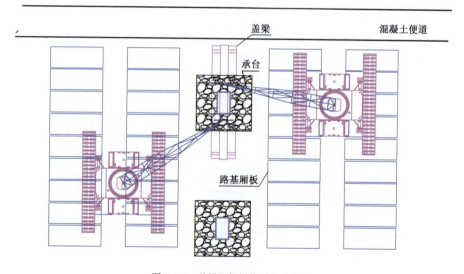

图6-102 盖梁两侧拼装到位示意图

2)两台起重机分布在立柱同侧吊装

(1)先将盖梁运输车停靠在立柱与起重机中间,两台起重机分别采用吊具钢丝绳垂直扣住盖梁两端的两个吊点,将盖梁同步慢慢起吊,然后撤走运输车。如图 6-103 所示。

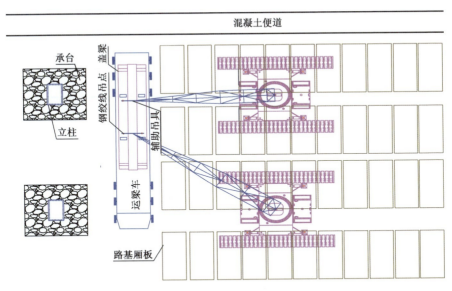

图 6-103　起重机同侧拼装起吊示意图

（2）两台起重机同时将盖梁吊起，一起向立柱方向慢慢前行，缓慢将盖梁吊起超过立柱高度。如图 6-104 所示。

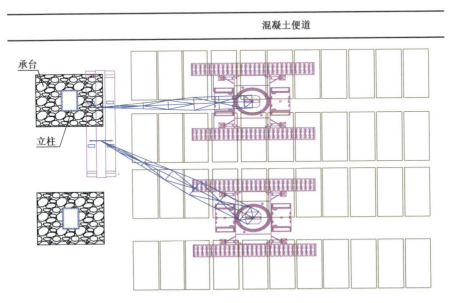

图 6-104　盖梁同侧拼装过程示意图

151

(3)将盖梁稍微旋转,对准立柱缓慢开始下放。当立柱预埋钢筋全部插入盖梁预埋套筒内时,分级卸力。当盖梁下放到位后,每台起重机预留200kN吊力,然后进行盖梁坐标位置调整。如图6-105所示。

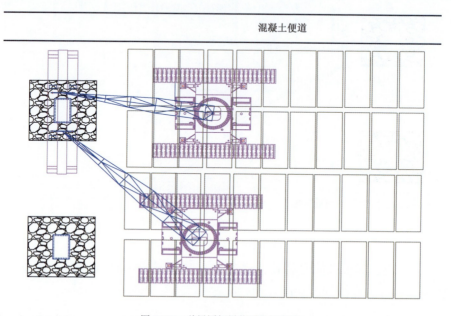

图6-105 盖梁同侧拼装到位示意图

9.盖梁试吊拼装调整

盖梁拼装偏差主要有如下几种情况:

(1)盖梁沿桥梁纵向偏差,即盖梁横断面偏差。

(2)盖梁沿桥梁横向偏差,即盖梁纵断面偏差。

(3)盖梁扭转,一端偏向盖梁横断面左侧,一端偏向盖梁横断面右侧。

(4)盖梁倾斜,脊骨梁中点和盖梁底中点连线不铅垂于地面,形成一定的夹角。

盖梁拼装偏差调整措施如下:

1)盖梁画墨线

盖梁出厂前,为盖梁拼装观测控制画3道墨线,现场画第4道墨线。

第1道,盖梁底部长边(横桥向)中心线,从盖梁底预埋连接套筒中心开始画线,延伸到盖梁外挡板底部边缘。

第2道,盖梁底部短边(纵桥向)中心线,从盖梁底预埋套筒中心开始画线,沿着盖梁悬出立柱的底部延伸到盖梁边缘。如图6-106所示。

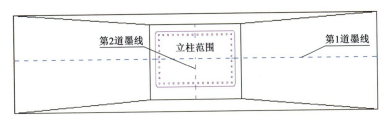

图6-106 第1、第2道墨线示意图

注意:第1和第2道中心线千万不能依据混凝土中心进行控制,这是由于混凝土浇筑或立模的原因,造成混凝土中心与设计中心偏差较大。盖梁的拼装主要是立柱预留钢筋和套筒的连接,所以控制中心应以套筒中心为准。

第3道,盖梁顶部纵向(长边)中心线,从脊骨梁一端中心点与另外一端中心点连成一道墨线。两端各自延伸到外挡板上边缘。如图6-107所示。

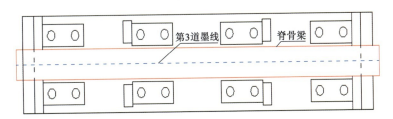

图6-107 第3道墨线示意图

第4道,脊骨梁端部中心点和盖梁端部中心点的连线。如图6-108所示。

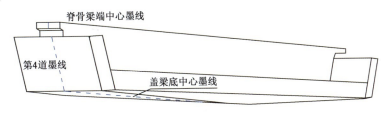

图6-108 第4道墨线示意图

2)盖梁拼装调整和观测控制

盖梁拼装调整分为以下两步。

第一步:盖梁长方向中心位置观测调整。用靠尺紧靠在立柱中心墨线处,靠尺顶住盖梁底,测量盖梁横向悬出立柱部分中心墨线与立柱中心线的偏差值;偏差值应控制在 5mm 以内。当偏差值大于 5mm 时,应对盖梁进行调整,根据观测的偏差值,先采用起重机微旋调整。如果起重机不能调整到位,则可采用安装夹片调整,即在偏差的相反方向立柱预埋钢筋上安装一片锥形夹片,夹片最低端厚度与偏差值相同。比如,盖梁中心线向立柱左侧偏离 1cm,则在立柱右侧两个角的预留钢筋下部各安装一个最厚处 1cm 的锥形夹片,让盖梁向右侧方向移动。如图 6-109 所示。

第二步:盖梁横断面方向调整。通过架设在远处、立柱中心墨线方向的全站仪观测外挡板中心墨线。外挡板中心墨线来源于脊骨梁中心墨线(第 3 道墨线)和盖梁底中心墨线(第 1 道墨线)延伸后的连接。如图 6-110 所示。

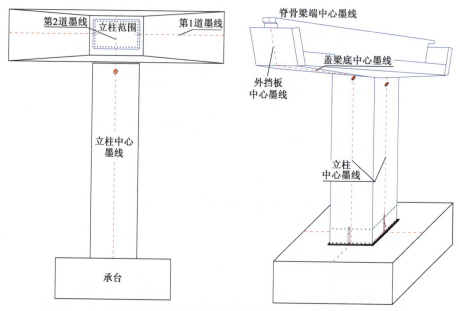

图 6-109 第一步调整观测示意图　　图 6-110 第二步调整观测示意图

先观测外挡板底端墨线点是否与立柱中心墨线重合,偏差值控制在 5mm 以内。否则进行偏位调整,调整的方法与第一步一样,采用起重机微转和安装夹片调整,再观测外挡板墨线顶端;如果顶端墨线点偏离立柱中心线,说明盖梁不垂直于地面,空中姿态为倾斜。顶端墨线调整采取撑垫调节块的办法,墨线向哪个方向偏离,就加高哪个方向的调节块。最终调整到外挡板中心墨线铅垂于地面,与立柱中心线平行,且偏差值控制在5mm以内。

10. 拌浆、立柱顶面坐浆

盖梁试吊完成后,将盖梁慢慢吊起,移到立柱范围外。然后将抱箍向上移动,抱箍顶面高出立柱顶面3cm时,拧紧耳环螺母,对损坏或移动的泡沫止浆条重新更换,再次用玻璃胶进行密封。同时安装立柱预留钢筋上的密封圈和钢垫圈,用水湿润立柱顶面,开启拌浆机开始拌制浆料。

浆料拌制要求:采用C60专用砂浆料;水灰比为:浆料:水 = 100:(17~18),设备采用行星式搅拌机,搅拌4min,先慢转1min,再快转3min,直到浆料充分拌均匀。如图6-111、图6-112所示。

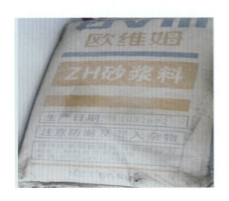

图6-111　专用砂浆料　　　　　图6-112　浆料拌制

将拌和完成的浆液倒入小桶内,小桶放到登高车内,施工人员和浆液小桶由登高车送到立柱顶面,然后把浆液倒入立柱顶混凝土表面,并进行刮平。坐浆要求:浆料均匀铺设,高出调节块,且与抱箍顶面平齐。如图6-113、图6-114所示。

11. 盖梁正式拼装及调整

坐浆完成后,起重机立即将盖梁移动到立柱上方,进行吊装。由于盖梁试吊时,各方面已经采取措施进行了偏位调整,所以,正式吊装时偏位调整变得简单顺利。盖梁正式吊装、偏位调整及观测方法与试吊时相同。

图 6-113　立柱顶倒浆　　　　　　图 6-114　立柱顶坐浆完成

吊装完成后,检查外溢的浆液,用水冲洗溢流到立柱表面的浆液,如图 6-115 所示。如果立柱四周都有浆液溢出,说明浆液完全填充了盖梁和立柱的接合面。如果浆液没有溢出,说明浆液不够,应立即将盖梁吊起,补充接合面浆液。

图 6-115　立柱表面溢浆清理

12. 盖梁压、灌浆

盖梁拼装完成 12h 后,拆除抱箍,对盖梁进行压浆和灌浆。

盖梁的波形钢管套筒分两种形式。脊骨梁下端部位,由于脊骨梁混凝土盖住了套筒,这部分的套筒连接压浆管和出浆管采用压浆工艺,其余套筒采用灌浆工艺。所用仪器如图6-116、图6-117所示。

图6-116 拌浆机

图6-117 压浆机

(1)压浆:采用100MPa的浆液。水灰比为0.15~0.17,可根据天气情况进行调整。压浆的进浆口位于盖梁底部,采用快速接头,出浆口位于盖梁上部,出浆口冒出浓浆3~5s后,停止压浆;先盖好闷头,再撤离快速接头,并尽快封堵好进浆口。如图6-118所示。

图6-118 压浆孔压浆

(2)灌浆:采用100MPa的浆液。水灰比为0.15~0.17,可根据天气情况进行调整。先切除高出牛腿面部分的波纹管,将灌浆料直接倒入波纹管内,每延米灌浆3.7L,约9.5kg,灌浆前预估好灌浆量,灌满后采用钢棒捣实。如图6-119、图6-120所示。

图6-119　出浆孔和灌浆孔　　　　　图6-120　直接灌浆

(3)灌浆料控制。当拼装气温低于5℃时,应对高强无收缩水泥灌浆料进行保温,温度应不小于10℃且不大于40℃;同时应对拌和所需的水进行加热,温度应不小于30℃且不大于65℃;拌和灌浆料成品工作温度应不小于10℃。浆料技术指标如表6-2所示。

高强无收缩水泥灌浆料技术指标　　　　表6-2

检测项目		性能指标
流动度(mm)	初始(mm)	≥300
	30min	≥260
抗压强度(MPa)	1d	≥35
	3d	≥60
	28d	≥100
竖向自由膨胀率(%)	24h与3h差值	0.02~0.5
氯离子含量(%)		≤0.03
泌水率(%)		0

施工注意要点:

(1)脊骨梁侧模必须牢固,定位精确,防止胀模。梁跨之间长度以脊骨梁的横向中心控制,一旦发生胀模,梁跨实际长度与设计梁长会出现偏差。

(2)由于混凝土浇筑时,每边混凝土钢筋保护层厚度有误差,因此,控制测量用的墨线一定按照预埋连接套筒中心画线,不得以混凝土边到边画中心线。

(3)盖梁预制时,顶面混凝土横坡度一定要严格控制。

(4)拼装时,测量控制仪器要远距离观测,以减少观测误差。

第七章 大宽度箱梁预制拼装

在以往施工中,除小跨径梁板,比如简支梁、小箱梁、T梁采用预制吊装施工外,大型箱梁,尤其是宽度大的箱梁,经常采用现场支架浇筑混凝土。本章将介绍大宽度箱梁预制拼装施工技术。

一、施工原理

以沪宜公路为例进行介绍。将12.2m宽的箱梁均匀分成左右两幅分别预制完成,每幅宽度为5.85m(扣除中间现浇段0.5m),如图7-1所示。分幅预制完成的大宽度箱梁被运送到施工现场,安装临时支撑墩,采用2台大型履带式起重机分幅吊装,如图7-2、图7-3所示。然后立湿接缝模板,采用高强度混凝土(80MPa)浇筑湿接缝(图7-4);湿接缝钢筋相互均匀错开,横向钢筋不焊接。最后进行湿接缝养护,待其强度达到设计要求后,拆除临时支撑墩,整个大宽度箱梁预制拼装成型,如图7-5所示。

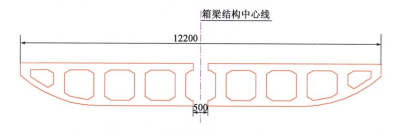

图7-1 箱梁分幅预制(尺寸单位:mm)

二、施工工艺流程

大宽度箱梁预制拼装的施工工艺流程如图7-6所示。

第七章 大宽度箱梁预制拼装

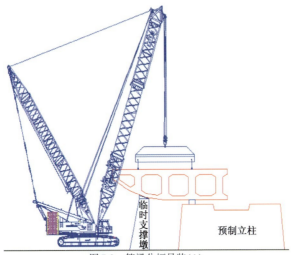

图 7-2 箱梁分幅吊装(1)

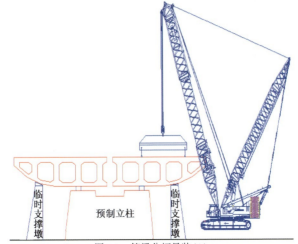

图 7-3 箱梁分幅吊装(2)

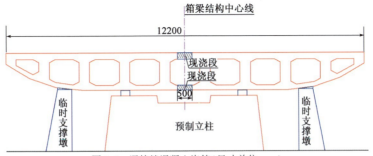

图 7-4 湿接缝混凝土浇筑(尺寸单位:mm)

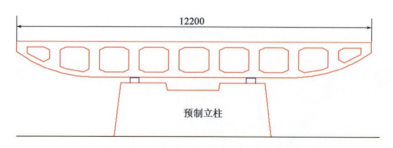

图 7-5　大宽度箱梁预制拼装成型(尺寸单位:mm)

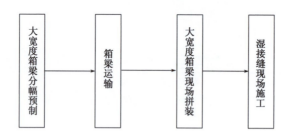

图 7-6　大宽度箱梁预制拼装工艺流程图

三、操作要点

(一)大宽度箱梁分幅预制

按照设计图纸,将 12.2m 大宽度箱梁分成左右 2 幅预制,每幅宽度为 5.85m。箱梁预制施工流程如图 7-7 所示。

1. 钢模板加工

模板主要由底模板、外模板、内模板、端模板、边模板等几部分组成,另包括内模板斜撑、外模板斜撑等辅助配件。

(1)底模板

整体式底模板,其底部由各类型钢组成的框架,表面覆钢板,形成底模板整体;与外模板连接一侧底部型钢伸长,设置法兰板(图 7-8)。底模板设置在场地的混凝土条形基础上,并进行超平安放。底模板表面采用环氧磷酸漆涂刷,经过这道工艺后,脱模和模板清理都很简单,并且混凝土表面很光洁。

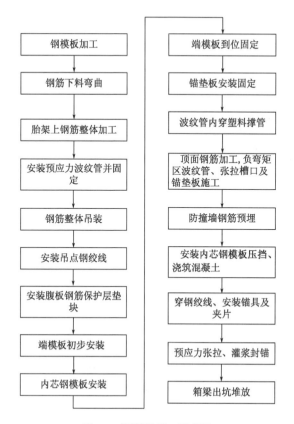

图 7-7　箱梁预制施工流程图

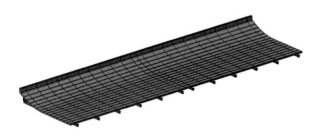

图 7-8　底模板

（2）外模板

外模板前部为面板，根据构件形状将钢板折弯形成；面板后设置纵向型钢支撑，后设排架；排架下部与底模板法兰连接，背部设置斜撑；外模板纵向分两段，采用法兰连接；在上、下两排留出筋位置采用独立拆装模板与外模板及底模板连接,定位留出钢筋。如图7-9所示。

图7-9　外模板

(3)内模板

内模板纵向分为八节,每节长度为2.5～3m;断面为封闭环形结构,外部为钢板折弯形成面板,内部设置钢板支撑、定型;每环分为左、右两片,在环向及纵向分断线上分别设置斜度,并在内部设置斜撑。如图7-10所示。

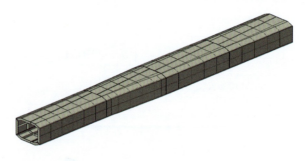

图7-10　内模板

(4)端模板

端模板采用嵌入式结构,即嵌于内、外模板与底模板之间,构件长度由端模板位置控制。如图7-11所示。

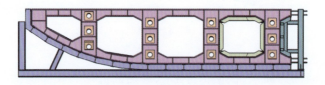

图7-11　端模板

(5)边模板

边模板采用钢模板与浇筑混凝土施工平台连接。钢模板整体形象如图 7-12 所示。

图 7-12 模板整体形象

2. 钢筋下料弯曲

钢筋下料弯曲在专门的钢筋加工车间内进行,采用进口数控机床加工,以提高钢筋的加工精度。将钢筋的长度、角度、宽度等尺寸按照设计图纸输入到数控机床计算机内,操作人员输入加工的数量,机床自动弯曲加工成型。加工成型的钢筋应整齐码放,并做好标识。

3. 胎架上钢筋整体加工

箱梁钢筋主要是指底板、腹板和侧面钢筋。根据钢筋设计图纸,制作钢筋加工胎架(图 7-13)。胎架采用型钢加工成型,尽量采用拆卸式。胎架的精度控制在 5mm 以内,以保证钢筋加工精度。

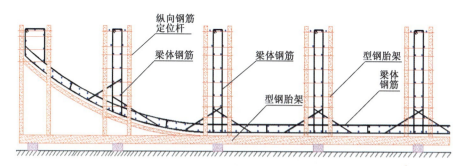

图 7-13 箱梁钢筋加工胎架

在端头位置采用胶合板制作钢筋定位板,定位板的孔洞按照设计图纸纵向主筋间距打设,以保证底板和腹板纵向钢筋位置的精确性。主筋的偏差值控制在 5mm 以内。

钢筋在胎架上进行加工,先加工底板横向和纵向钢筋,然后进行腹板纵向主筋定位,再进行腹板箍筋及其他钢筋加工。如图 7-14、图 7-15 所示。

图 7-14　箱梁钢筋加工　　　　图 7-15　胎架上钢筋加工成型

4. 安装预应力波纹管并固定

按照设计图纸,在钢筋位置标注预应力波纹管交叉点,然后按照各点位置穿波纹管固定。固定采用焊接固定 U 形卡扣。卡扣在直线段每 0.8m 设置一个,在曲线段每 0.5m 设置一个。波纹管位置严格按照设计图纸要求定位,偏差值不得大于 5mm,整个管道要求平顺。如图 7-16 所示。

图 7-16　波纹管固定

5.钢筋整体吊装、安装吊点钢绞线、安装腹板钢筋保护层垫块

底腹板、侧板钢筋、波纹管加工完成后,用门式起重机将钢筋骨架整体吊装到底模板上,并安装底腹板钢筋混凝土垫块,垫块采用强度等级相同的混凝土垫块,安装密度为 4 块/m^2;同时安装吊点钢绞线。如图 7-17、图 7-18 所示。

图 7-17　钢筋骨架起吊　　　　　图 7-18　整体钢筋骨架入模

每个吊点采用 4 股钢绞线,每片梁板设置 4 个吊点。吊点钢绞线长 1.0m,下面固定一个 P 锚及锚垫板,顶端弯曲区套镀锌管。

安装连接防撞墙支架预留连接器,连接器采用精轧螺纹钢镀锌后,中间抽空车丝。每个连接器间距为 1.5m,平行于地面,其开口紧靠钢模板,尾部穿螺纹钢与箱梁钢筋焊接成型。

6.模板安装

模板安装流程:端模板初步安装→内芯钢模板安装→端模板到位固定。

1)端模板初步安装

采用厂内门式起重机将端模板初步吊装,临时固定。端模板距离端头 50cm 左右。如图 7-19、图 7-20 所示。

2)内芯钢模板安装

采用场内门式起重机将内芯钢模板吊装,并将内芯钢模板固定。内芯钢模板底部采用混凝土垫块支撑,并确保钢筋保护层厚度和腹板底混凝土厚度。如图 7-21、图 7-22 所示。

图7-19 端模板初步安装(1)

图7-20 端模板初步安装(2)

图7-21 内芯钢模板安装(1)

图7-22 内芯钢模板安装(2)

3)端模板到位固定

内芯钢模板固定后,将端模板向内推进,内芯钢模板与端模板合缝,然后将端模板固定。端模板固定后,用泡沫胶将缝隙封住,防止混凝土浇筑时漏浆。如图7-23、图7-24所示。

图7-23 端模板固定

图7-24 端模板密封

7. 锚垫板安装固定

在端模板预留位置处安装锚垫板,锚垫板中心位置应与预应力管道中心重合,并按照设计要求对局部钢筋进行加强。

8. 波纹管内穿塑料撑管

预应力钢绞线采用后穿法,为了增加预应力管道的强度,在钢绞线波纹管内先穿塑料撑管,以防止混凝土浇筑时波纹管发生变形现象。塑料撑管直径略小于波纹管的内径,长度大于波纹管。如图 7-25 所示。

图 7-25　管道内穿撑管

9. 顶面钢筋加工,负弯矩区波纹管、张拉槽口及锚垫板施工

先在内芯钢模板上按照设计图纸的位置,安装张拉槽口模板。槽口模板按照设计图纸尺寸安装顶板负弯矩锚垫板及螺旋钢筋,并固定锚垫板,然后安装预应力管道;最后进行顶面钢筋的加工安装。安装时,应严格控制顶面钢筋混凝土保护层厚度。如图 7-26 ~ 图 7-29 所示。

图 7-26　张拉槽口模板

图 7-27　张拉槽口安装

图 7-28　预应力管道安装　　　　图 7-29　顶面钢筋加工

10. 防撞墙钢筋预埋

根据设计图纸，安装防撞墙预埋钢筋。竖向钢筋与箱梁钢筋焊接，钢筋的横向位置采用挂线定位，确保钢筋与箱梁边缘线平行、顺畅；钢筋间距均匀，与设计位置偏差值控制在 5mm 以内。如图 7-30 所示。

图 7-30　防撞墙钢筋预埋

11. 安装内芯钢模板压挡、浇筑混凝土

在内芯钢模板顶面设置压挡型钢支架，支架紧压内芯钢模板。在型钢顶部安放大型混凝土块或小型梁板，以防止混凝土浇筑时内芯钢模板上浮。如图 7-31 所示。

采用高性能混凝土泵送浇筑。浇筑时，分块分层，采用插入式振捣器振捣浇筑。振捣器不得伤及预应力管道。浇筑完成后，分多次对混凝土表面进行收光、抹平；待混凝土初凝时，对其表面进行拉毛。如图 7-32、图7-33所示。

混凝土浇筑完成后，表面覆盖土工布，并定期洒水养护，保持土工布在养护期内湿润。如图 7-34 所示。

图 7-31　内芯钢模板压挡

图 7-32　混凝土浇筑(1)

图 7-33　混凝土浇筑(2)

图 7-34　洒水养护

12. 穿钢绞线、安装锚具及夹片

混凝土强度达到设计张拉强度后,抽去塑料撑管,然后对波纹管进行冲水、吹干清理后再穿钢绞线。每根钢绞线穿入时都要来回抽动,防止钢绞线相互之间出现缠绕。如图 7-35 所示。

将每根钢绞线穿过锚具孔,然后将锚具慢慢推进锚垫板位置。安装锚具时,应检查每根钢绞线是否对应锚具孔,不得发生钢绞线错位交叉锚具孔。检查无误后,安装夹片,并用小锤敲紧夹片。如图 7-36 所示。

图 7-35　穿钢绞线

图 7-36　安装锚具

13. 预应力张拉、灌浆封锚

预应力张拉采用智能张拉。张拉过程中，及时做好张拉力和钢绞线的伸长量自动记录。张拉示意图如图 7-37 所示，智能张拉油泵及计算机如

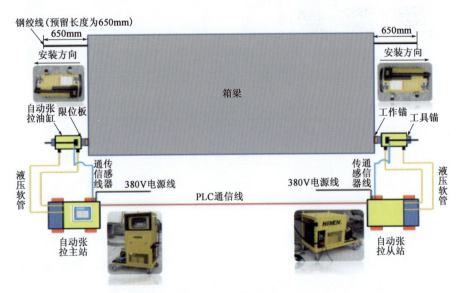

图 7-37　智能张拉示意图

图 7-38、图 7-39 所示。

图 7-38　张拉油泵　　　　　图 7-39　智能张拉计算机

张拉完成后,用手持砂轮机将多余的钢绞线切割,然后用同强度等级的混凝土将锚具封闭。如图 7-40 所示。

预应力张拉完成后 48h 内完成孔道压浆工作。采用专用压浆材料配置压浆浆液。同时,采用真空辅助串联压浆工艺进行压浆,真空泵提供不小于 90% 真空度的抽真空能力;在真空泵前应配备空气滤清器,防止抽出的浆体直接进入真空泵而造成真空泵的损坏。如图 7-41 所示。

图 7-40　钢绞线切割　　　　　图 7-41　串联压浆

14. 箱梁出坑堆放

箱梁预制完成后,用 2 台大型门式起重机将箱梁吊到运输车上,然后放置在固定的堆放场地,按照梁板横坡 2% 堆放。梁端在支座中心线位置弹铅垂于地面的墨线。在梁体侧面做好标识,标明桥名、编号、制作日期及施工单位和监理单位名称。如图7-42~图7-44所示。

图7-42 箱梁出坑起吊

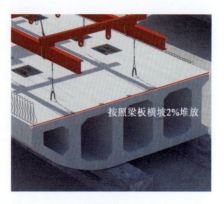
图7-43 箱梁堆放端头横坡

图7-44 箱梁现场堆放

(二)箱梁运输

运输路线选择:避开危险的桥梁和道路,避开限高桥梁。在运输过程中,保持平放,梁底为弧形,采用顶端弧形支垫,并将梁体捆绑防止移动。

(三)大宽度箱梁现场拼装

施工工艺流程:临时支架设置、设计和安装→临时支座设计、制作和安装→支座安装→梁端边缘墨线→便道铺设、吊具设计→起重机的选择→箱梁起吊及安装观测。

1. 临时支架设置、设计和安装

临时支架设置:横向设在箱梁最边幅板位置,纵向设在距离承台边2m

位置。高程按照箱梁底高程控制。位置确定后,对其进行地面高程测量,推算支架高度。如图 7-45~图 7-47 所示。

图 7-45　临时支架位置确定

图 7-46　临时支架高度控制

临时支架设计:支架高度按照测量数据控制。临时支架采用混凝土支架,内配构造钢筋。为了方便架设,临时支架根据不同高度采用二阶装配式。上节支架顶部采用混凝土(顶面尺寸 50cm × 50cm,高度 1.0m)固定,支架内侧垂直,外侧角度与梁板切角均为 72°。下节支架根据支架总高度控制,支架基础尺寸比支架底端尺寸各宽出 25cm。顶端与梁板接触面采用硬质楔形块。上节支架底端距离边缘 5cm 设置 4 根 20cm 深的塑料管,下节支架对应预埋 4 根 20m 长的钢筋,上下节支架通过钢筋伸入混凝土内连接。如图 7-48 所示。

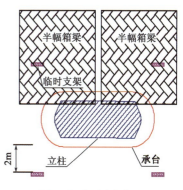

图 7-47　临时支架位置

临时支架安装:对临时支架位置采用硬质材料填筑,并压实。在支架底部铺设1cm厚的钢板，在钢板上吊装下节临时支架，然后吊装上节临时支架，临时支架之间通过预留的钢筋及孔洞连接，并对上下支架外侧采用3道钢筋进行焊接。在支架和底部钢板接触面，焊接一道钢筋，以防支架发生位移。临时支架安装完成后，对其高程进行复测，高程误差控制在10mm以内。如图7-49、图7-50所示。

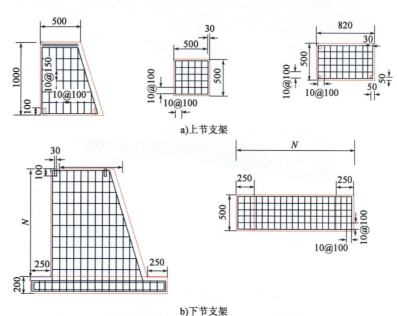

图7-48 临时支架设计构造图（尺寸单位：mm）

图7-49 安装完成的临时支架

第七章 大宽度箱梁预制拼装

图 7-50 临时支架安装成型

2. 临时支座设计、制作和安装

半幅箱梁最重达到 1900kN，所以钢砂桶临时支座要求半径较大、钢材厚度较厚。其高度根据箱梁底到立柱顶面的高度进行控制。下砂桶封底采用厚 1cm、尺寸 40cm×40cm 的钢板，砂桶直径 30cm，高度 30cm。上砂桶顶端采用厚 1cm、尺寸 40cm×40cm 的钢板，砂桶直径 25cm，高度 35cm。上砂桶内采用强度为 100MPa 的浆料填充。上下砂桶之间空隙采用干燥的黄砂调整高度。下砂桶底端设置 M24 螺栓，作为临时支座拆除时卸砂用。如图 7-51～图 7-54 所示。

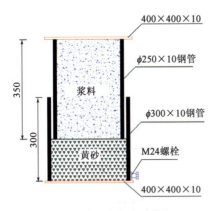

图 7-51 临时支座设计（尺寸单位：mm）

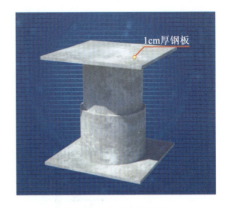

图 7-52 临时支座外观

图7-53 上砂桶

图7-54 下砂桶

临时支座安装:在立柱顶端放出临时支座位置,并进行高程测量,然后根据其高程和箱梁底高程数值,调整砂箱内砂的厚度。然后将下砂桶安装好,采用振动器将砂箱内黄砂振实,整平。黄砂的厚度达到测量值后,将上砂桶底端伸入下砂桶内,安装好上砂桶。上砂桶顶面钢板要求平整。临时支座安装完成后,对其高程进行复测,高程与永久性支座高程偏差值控制在5mm以内。

3. 支座安装

按照设计图纸位置,在立柱顶面支座垫石上对永久性支座位置进行放样,然后用起重机将永久性支座吊装到支座垫石钢板上,并将支座下钢板与垫石钢板连接固定。支座安装完成后,对高程进行复测,误差控制在5mm以内。最后在永久性支座上弹出纵横向中心"十"字墨线。如图7-55～图7-57所示。

图7-55 永久性支座安装

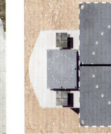

图7-56 支座中心墨线(1)　　图7-57 支座中心墨线(2)

4. 梁端边缘墨线

在立柱顶面按照设计图纸数据,弹出箱梁端头边缘墨线。如图7-58所示。

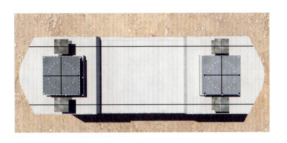

图7-58 梁端边缘墨线

5. 便道铺设、吊具设计

1) 起重机行走便道铺设

起重机横向行走便道施工:首先在现场选取起重机行走路线位置,然后对不良地质路段进行换填,换填可采用再生碎石料或建筑旧料;换填后采用压路机压实,然后铺设路基钢厢板或2cm厚的钢板。如图7-59、图7-60所示。

2) 吊具设计制作

由于梁板宽度达5.75m,两个吊点间距达2.6m,为保证吊装安装,吊装时钢绞线应垂直,并采用辅助吊具。

辅助吊具采用钢板和钢管焊接组装而成。吊具宽3.1m;上端设置2个吊孔,吊孔间距1.0m,每孔设计吊力为1500kN;下端设置15个吊孔,每个吊孔间距20cm,每孔设计吊力为800kN。吊装时,根据吊点位置,选择与箱梁吊点垂直对应小吊孔挂扣钢绞线。如图7-61所示。

图7-59　起重机行走便道(1)

图7-60　起重机行走便道(2)

图7-61　辅助吊具

6.起重机的选择

由于最重的梁板重1910kN,根据现场实际情况和起重机工作状况,采用2台2500kN的起重机双机抬吊。按规定,抬吊时分配给单机的重量不得超过单机允许起重量的80%,构件总重量不得高于2台起重机额定起重量之和的75%。因每台起重机荷载为955kN,吊具重40kN,总重量为995kN,则单机允许起吊重量为995/0.8＝1244kN。

根据《建筑机械使用安全技术规程》(JGJ 33—2012)的相关规定,选用QUY型2500kN履带式起重机,其臂长为21.2m,吊装半径为9m,额定起吊重量为1279kN。如表7-1、图7-62所示。

QUY 型 2500kN 履带式起重机额定起吊重量(单位:kN)　　表 7-1

作业半径(m)	主臂长度(m)						
	15.2	18.2	21.2	24.2	27.2	30.2	33.2
4.8	2500						
5	2500	2291	2000				
6	2100	2030	1950	1807	1594		
7	1750	1705	1661	1613	1569	1413	
8	1607	1534	1469	1408	1352	1300	1251
9	1387	1330	1279	1231	1187	1145	1106
10	1221	1174	1132	1094	1057	1023	990
12	986	951	921	893	866	841	817
14	814	799	775	753	732	713	694
16	750	680	669	651	634	618	604
18		604	582	573	558	544	531
20			508	507	498	486	474

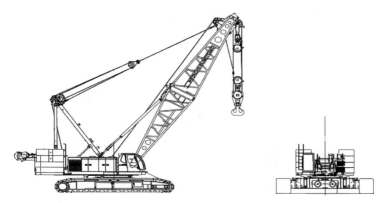

图 7-62　QUY 型 2500kN 履带式起重机

7. 箱梁起吊及安装观测

1) 箱梁起吊

通常情况下,箱梁吊装时,两台 2500kN 履带式起重机分布在两孔桥梁内,俗称一台"跨内"一台"跨外"。两台履带式起重机将箱梁吊起后,运梁车驶离现场,跨内履带式起重机逆时针转动,跨外履带式起重机顺时针转动;然后两台履带式起重机同时逆时针转动,最后一起同步慢慢前行。两台履带式起重机同步行走到位后,开始慢慢下放箱梁,进行观测安装。如图 7-63 ~ 图 7-71 所示。

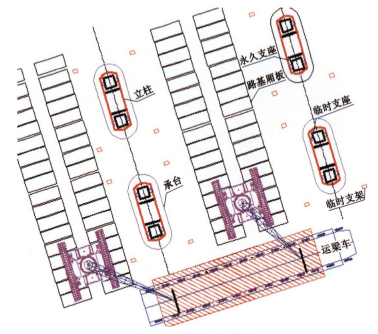

图 7-63　起重机起吊示意图

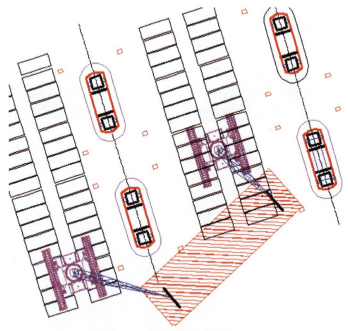

图 7-64　起重机旋转示意图(1)

第七章 大宽度箱梁预制拼装

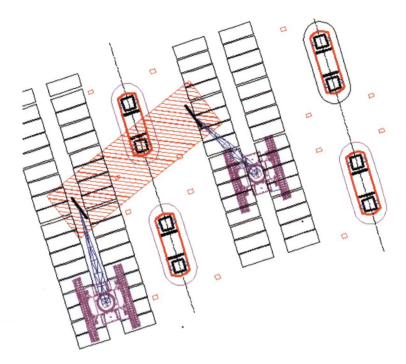

图 7-65　起重机旋转示意图(2)

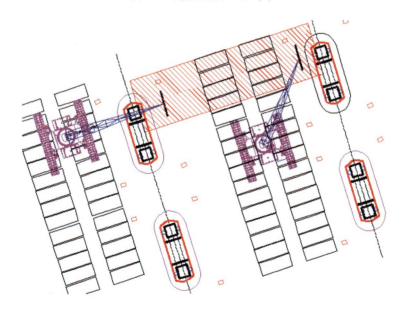

图 7-66　箱梁就位示意图

183

图7-67 箱梁起吊吊离运输车　　图7-68 履带式起重机转动

图7-69 起重机同步行走　　图7-70 箱梁下放

图7-71 箱梁吊装转动

2）箱梁安装观测

对于箱梁的横向偏位，采用全站仪观测立柱顶支座中心线与箱梁支座中心线的对齐偏差，偏差值控制在5mm以内。在立柱顶支座中心墨线交叉点，安放红外线发射仪，发射仪中心点应与支座墨线中心点重合（图7-72）。箱梁出厂前，在堆梁区已弹好梁端支座中心墨线，并且箱梁堆放时，按照设计横坡堆放,梁端支座中心墨线铅垂于大地。因此,只要控制梁端支座中心墨线与立柱顶支座上的中心墨线,箱梁架设后,横坡度、横向偏位都能达到设计和规范要求。当两线偏差值小于5mm时,箱梁横向就位。如图7-73所示。

图7-72 红外线发射仪安装　　　　图7-73 红外线仪与梁端墨线

对于箱梁的纵向偏位,采用全站仪观测箱梁端头与立柱顶梁端墨线的对齐偏差,偏差值控制在5mm以内。立柱顶按照设计数据弹好梁端墨线,梁体安装时,构造物本身有梁端轮廓线,当立柱顶梁端墨线与梁端轮廓线偏位在5mm内时,箱梁纵向就位。如图7-74、图7-75所示。

 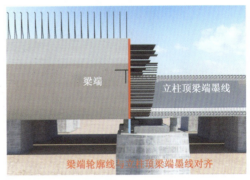

图7-74 梁端墨线控制(1)　　　　图7-75 梁端墨线控制(2)

箱梁纵横向就位后,用水准仪观测梁体的高程,高程达到规范要求后,用硬质楔形木将临时支架和梁底楔紧。如图7-76、图7-77所示。

图7-76 楔形硬木楔紧

图7-77 箱梁安装完成

(四)湿接缝现场施工

湿接缝现场施工流程:湿接缝钢筋施工→模板安装→混凝土浇筑及养护。

1.湿接缝钢筋施工

在整孔箱梁分幅预制时,湿接缝横向预留钢筋相互均匀错开,间距为20cm,横向钢筋相互不焊接。如图7-78所示。

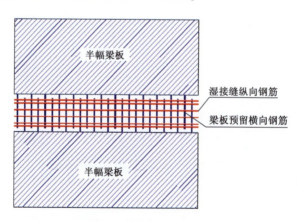
图7-78 湿接缝钢筋平面示意图

同孔箱梁左右幅架设完成后,湿接缝宽度为50cm,左右幅横向钢筋在湿接缝位置形成"回"字形框架。在上部湿接缝纵向穿10根直径为16mm的钢筋,与横向钢筋绑扎固定。在下部湿接缝纵向布设 10 根直径为 12mm 的钢筋,钢筋设置在横向钢筋组成的"回"字形框架内,与横向钢筋绑扎固定。如图 7-79 所示。

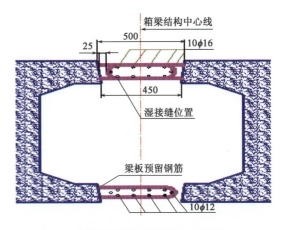

图 7-79　湿接缝钢筋断面示意图(尺寸单位:mm)

2. 模板安装

湿接缝底模板固定采用"三段式"螺杆。将螺杆的锥形螺母安放到底模内侧,底模外侧用钢板压住,然后用底部螺杆穿过模板,用螺母拧紧钢板固定。上端螺杆和湿接缝钢筋采用焊接连接。如图 7-80～图 7-84 所示。

图 7-80　"三段式"螺杆组成图

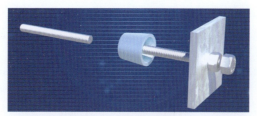

图 7-81 "三段式"螺杆

图 7-82 "三段式"螺杆安装

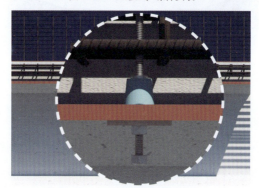

图 7-83 "三段式"螺杆固定图

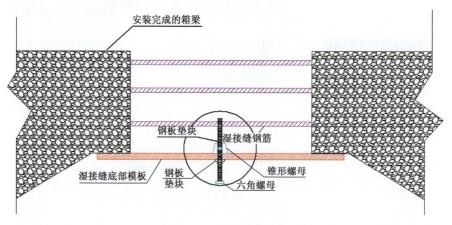

图 7-84 "三段式"螺杆安装

在湿接缝两侧边沿5cm处，布设2排宽5cm的模板。在湿接缝边沿模板上覆盖顶面模板，顶模板通过"三段式"螺杆与湿接缝钢筋连接。每块模板长1.2m，间距50cm，形成"箱子"。每块模板间距50cm处作为浇筑混凝土下料口。如图7-85～图7-87所示。

图7-85 湿接缝边沿模板安装

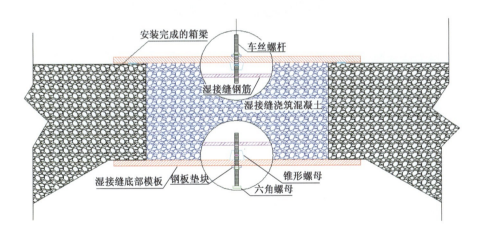

图7-86 湿接缝上、下模板固定

3. 混凝土浇筑及养护

采用泵送混凝土"附模"浇筑，强度为80MPa的混凝土从50cm宽的预留口灌入，根据实际情况，稍加振捣。混凝土浇筑完成后，对原来预留的浇筑口覆盖模板，并加以固定。模板固定3d后方可拆除，洒水养护不少于7d。如图7-88～图7-90所示。

图7-87 湿接缝模板安装

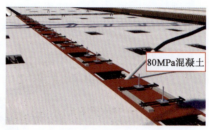
图7-88 湿接缝混凝土浇筑

图7-89 湿接缝混凝土附模养护

图7-90 湿接缝拆模后混凝土

施工注意要点：

（1）钢筋加工时，湿接缝处钢筋左、右幅须均匀错开。

（2）混凝土浇筑时，为防止内芯模上浮，应采取压重措施压住内芯模。

（3）箱梁堆放时，应按照箱梁设计横坡度进行堆放，并弹铅锤墨线，为梁板拼装做准备。

（4）梁板湿接缝混凝土为C80高强度混凝土，容易产生收缩裂缝；为此，应采用附模浇筑，并加强混凝土养护。

参 考 文 献

[1] 中华人民共和国行业标准.JTG/T F50—2011 公路桥涵施工技术规范[S].北京:人民交通出版社,2011.

[2] 上海市工程建设规范.DG/TJ 08-2160—2015 预制拼装桥墩技术规程[S].上海:同济大学出版社,2015.

[3] 中华人民共和国建筑工业行业标准.JG/T 398—2012 钢筋连接用灌浆套筒[S].北京:中国建筑工业出版社,2012.

[4] 中华人民共和国建筑工业行业标准.JG/T 408—2013 钢筋连接用套筒灌浆料[S].北京:中国建筑工业出版社,2013.

[5] 中华人民共和国行业标准.JGJ 1—2014 装配式混凝土结构技术规程[S].北京:中国建筑工业出版社,2014.

[6] 中华人民共和国行业标准.JGJ 355—2015 钢筋套筒灌浆连接应用技术规程[S].北京:中国建筑工业出版社,2015.

[7] 中华人民共和国行业标准.JGJ 107—2010 钢筋机械连接技术规程[S].北京:中国建筑工业出版社,2010.

[8] 柳州欧维姆机械股份有限公司.OVM.GT型钢筋连接用灌浆套筒工程应用指导.2015.

[9] 黄国斌,查义强.上海公路桥梁桥墩预制拼装建造技术[J].上海公路,2014(4):1-5.